Taschenschmöker aus Vergangenheit und Gegenwart

Taschenschmöker aus Vergangenheit und Gegenwart

Neu und wieder aufgelegt

Berlin 2016

Der Humbug

Vier Erzählungen von

Jules & Michel Verne

Edition Dornbrunnen

Taschenschmöker aus Vergangenheit und Gegenwart

Übersetzung der Texte aus dem Französischen von
Bernhard Krauth *(Gil Braltar)*
Anne Ehrhardt *(Le Humbug – Mœurs américaines; La Destinée de Jean Morénas)*
Gilbert Schwarz *(Un express de l'avenir)*

Korrekturen und Lektorat: Dirk Seliger und Meiko Richert
Originalillustrationen: Léon Benett, George Roux und einem unbekannten Künstler

Der Verlag dankt allen Beteiligten, insbesondere Bernhard Krauth und dem Jules-Verne-Club für Deutschsprachige (http://www.jules-verne-club.de/index.html) für die Genehmigung zur Veröffentlichung der Erzählung »Gil Braltar« und der Überlassung sämtlicher Originalillustrationen.

Die Deutsche Nationalbibliothek verzeichnet diese Publikation in der Deutschen Nationalbibliografie; detaillierte bibliografische Daten sind im Internet über
http://dnb.d-nb.de
abrufbar.

Neuauflage 2016
ISBN 978-3-943275-13-1

Sven-R. Schulz, Dornbrunner Straße 16, 12437 Berlin
www.edition-dornbrunnen.de
Titelgestaltung: Sven-R. Schulz unter Verwendung einer Illustration von
George Roux

Druck und Vertrieb: Book on Demand GmbH, Norderstedt
PNTS1-2016

Inhalt

I

Sie waren da, sieben- bis achthundert wenigstens. Mittelgroß, aber kräftig, gewandt, gelenkig gebaut, zu gewaltigen Sprüngen fähig, sprangen sie unter den letzten Strahlen der Sonne, die jenseits der stufenweise aufsteigenden Berge im Westen der Reede unterging.

Die rötliche Scheibe verschwand bald und die Dunkelheit begann inmitten dieses Bassins zu entstehen, eingerahmt durch die entfernt liegenden Sierras de Sanorra, de Ronda und dem Ödland del Cuervo. Plötzlich blieb die Truppe stehen. Ihr Chef kam auf dem Bergkamm zum Vorschein, der wie ein magerer Eselsrücken aussieht. Von dem Soldatenposten aus, aufgestellt auf der allerhöchsten Höhe des enormen Felsens, konnte man nichts von dem sehen, was unter den Bäumen geschah.

»Sriss! Sriss!«, gab der Anführer zu hören, dessen Lippen krampfhaft verzogen waren und die bei dieser Art des Pfeifens eine außergewöhnliche Lautstärke erzeugten.

»Sriss! Sriss!«, gab diese fremdartige Gruppe gemeinsam zurück.

Ein einzigartiges Wesen, dieser Chef. Von hoher Gestalt, bekleidet mit einem Affenfell, die Haare nach außen gewendet, der Kopf mit struppigen Haaren, das Gesicht zerzaust durch einen kurzen Bart, die nackten Füße hart wie Pferdehufe.

Er hob den rechten Arm und streckte ihn gegen den niedrigen Bergrücken aus. Alle wiederholten sofort diese Bewegung mit militärischer Exaktheit, es wäre richtiger zu sagen, mechanisch – echte Marionetten von gleichem Trieb in Bewegung gesetzt. Er senkte seinen Arm. Sie senkten ihre Arme. Er neigte sich zum Boden. Sie bückten sich in derselben Haltung. Er hob einen kräftigen Stock auf, den er schwenkte. Sie schwenkten ihre Stöcke und vollzogen ein gleichmäßiges Drehkreuz um ihn – jenes Drehkreuz, welches »die gedeckte Rose« genannt wird.

Dann drehte sich der Chef um, schlich durch das Gras, kroch unter die Bäume. Die Truppe folgte ihm kriechend.

In weniger als zehn Minuten waren sie die vom Regen ausgewaschenen Bergpfade hinabgestiegen, ohne dass ein angestoßener Kieselstein das Vorhandensein dieser marschierenden Masse verraten hätte. Eine Viertelstunde später hielt der Chef an. Alle hielten, als ob sie auf dem Platz angewachsen wären.

Etwa zweihundert Meter weiter unten kam die Stadt zum Vorschein, hingestreckt entlang der dunklen Reede. Mehrere Lichter beleuchteten die undeutliche Gruppe der Mole, der Häuser, Villen und Kasernen. Jenseits davon spiegelten sich die Laternen der Kriegsschiffe, die Lichter der Wirtschaftsgebäude und der nassen Schiffsbrücken an der Oberfläche des ruhigen Wassers. Weiter weg, am äußersten Ende des Europe Points, schickte der Leuchtturm sein gebündeltes Licht auf die Meerenge.

In diesem Augenblick ertönte ein Kanonenschuss, das »First Gun Fire«, abgeschossen durch eine der Batterien. Und nun ließen sich sofort die Trommelwirbel der Trommler hören, begleitet von dem schrillenden Pfeifen der Wachpfeifen. Es war

Sperrstunde, die Stunde, in der man an den heimatlichen Herd zurückkehrte. Kein Fremder hatte nunmehr das Recht, die Stadt zu durchstreifen, ohne von einem Garnisonsoffizier begleitet zu werden. Es war der Befehl an die Mannschaften, sich an Bord ihrer Schiffe zu begeben, bevor die Tore zu den Häfen geschlossen wurden. Alle Viertelstunde zogen die Patrouillen ihre Runden, welche die Säumigen und Trunkenbolde zum Wachtbüro führten. Dann wurde alles still. Der General Mac Kackmale konnte ruhig schlafen. Es schien nicht, dass England diese Nacht etwas zu befürchten hätte für seinen Felsen Gibraltar.

II

Man kennt ihn, diesen ungeheuren Felsen, der 426 Meter hoch ist, auf einem 1245 Meter breiten Untergrund ruhend, mit einer Länge von 4300 Metern. Er erinnert etwas an einen riesigen ruhenden Löwen, den Kopf an der spanischen Seite, den Schwanz ins Meer getaucht. Sein Gesicht zeigt Zähne – 700 über seine Schießscharten ausgerichtete Kanonen – das »Altweibergebiss«, wie die Spanier sagen. Eine Alte, die hart zubisse, wenn man sie ärgern würde. Dadurch ist Großbritannien fest verankert, wie in Peking, in Aden, in Malta, in Poulo Pinang, in Hongkong, ebensolche Felsen, aus denen eines Tages mit dem Fortschritt der Mechanik frei bewegliche Festungen werden. Indessen sichert Gibraltar dem Vereinigten Königreich eine unbestreitbare Herrschaft auf den 18 Kilometern dieser Meerenge, welche die Herkuleskeule zwischen Abila und Calpe geöffnet hat.

Haben die Spanier darauf verzichtet, dieses Stück ihrer Halbinsel zurückzuerobern? Ja, wahrscheinlich, denn es scheint sowohl von Land als auch von See aus unangreifbar zu sein. Dennoch gab es einen, dem der ständige Gedanke, diesen offensiven und defensiven Felsen zurückzuerobern, keine Ruhe mehr ließ. Das war der Chef der Bande, ein eigenartiges Wesen, man kann sogar sagen, ein Verrückter. Dieser spanische Adelige nannte sich zufällig *Gil Braltar*, ein Name, der ihm wahrscheinlich seiner Ansicht nach die Bestimmung gab, diese patriotische Eroberung durchzuführen. Sein Verstand hatte diesem Gedanken nicht standgehalten, er war zu schwach gewesen, war daran zerbrochen, und sein Platz wäre im Irrenhaus richtig gewesen.

Man kannte ihn gut. Dennoch wusste man seit zehn Jahren nicht so recht, was aus ihm geworden war. Vielleicht irrte er rund um die Welt? In Wirklichkeit hatte er seinen patriotischen Standort gar nicht verlassen. Er lebte dort wie ein Höhlenbewohner, im Unterholz, in den Höhlen, hauptsächlich in der Tiefe der engen, unzugänglichen Grotten von San Miguel, von denen man sagt, dass sie mit dem Meer in Verbindung stehen. Man glaubte ihn tot. Er lebte jedoch, aber in der Art dieser wilden Menschen, die ohne menschlichen Verstand eher nur den tierischen Instinkten folgen.

III

Er schlief gut, der General Mac Kackmale, ruhig auf beiden Ohren, die viel länger waren, als die Bestimmungen es verlangen. Mit seinen übermäßig langen Armen, seinen runden Augen, eingesunken unter den strengen Augenbrauen, seinem Gesicht, eingerahmt von einem struppigen Bart, seiner grinsenden Physiognomie, seinen affenmenschlichen Bewegungen, dem außergewöhnlich hervorspringenden Kieferknochen war er von einer bemerkenswerten Hässlichkeit – sogar für einen englischen General. Ein echter Affe, übrigens ein ausgezeichneter Militär, trotz seiner affenähnlichen Gestalt.

Ja! Er schlief in seiner komfortablen Wohnung in der Hauptstraße, dieser kurvenreichen Straße, welche die Stadt vom Meertor bis zum Alamedator durchläuft.

Vielleicht träumte er, dass England von Ägypten, der Türkei, Holland, Afghanistan, Sudan, dem holländisch besiedelten

Südafrika, kurzum von allen Punkten des Globusses ganz nach Wunsch Besitz ergreifen würde - und das in dem Augenblick, wo es riskierte, Gibraltar zu verlieren.

Plötzlich ging die Tür des Zimmers auf.

»Was ist los?«, fragte der General Mac Kackmale, indem er in einem Satz aufsprang.

»General«, antwortete der Adjutant, der wie ein Torpedo hereinschoss, »die Stadt ist besetzt! ...«

»Die Spanier? ...«

»Es scheint so ...«

»Sie hätten es gewagt! ...«

Der General sprach nicht zu Ende. Er stand auf, warf das Kopftuch ab, welches seinen Kopf bedeckte, rutschte in seine Hosen, stieg in seinen Anzug, stieg in seine Stiefel, schnallte sich seinen Degen um und tat dies alles, während er sagte: »Was ist das für ein Lärm, den ich da höre?«

»Der Lärm der Felsbrocken, die wie eine Lawine auf die Stadt rollen.«

»Sind es viele Schurken?«

»Wahrscheinlich.«

»Alle diese Küstenbanditen haben sich ohne Zweifel für diesen Handstreich vereinigt: die Schmuggler aus Ronda, die Fischer aus San Roque, die Flüchtlinge, die in den Dörfern überhand nehmen? ...«

»Das ist anzunehmen, General!«

»Ist der Gouverneur benachrichtigt?«

»Nein. Es ist unmöglich, zu seiner Villa am Point d'Europe vorzudringen. Die Tore sind besetzt, die Straßen sind voll von Angreifern!«

»Und die Kaserne Porte de Mer?«

»Ist genauso wenig zu erreichen. Die Artilleristen müssten in ihren Kasernen eingeschlossen sein.«

»Wie viele Männer haben Sie mit sich?«

»Etwa zwanzig, General, die Infanteristen des 3. Regiments, die entkommen konnten.«

»Beim heiligen Dunston!«, schrie Mac Kackmale. »Gibraltar

sollte durch diese Orangenverkäufer England weggenommen werden! … Das können wir nicht zulassen! … Nein! Das können wir nicht zulassen!«

In diesem Augenblick ließ die Tür des Raumes ein eigenartiges Wesen durch, das auf die Schultern des Generals sprang.

IV

»Ergebt Euch!«, schrie er mit einer rauen Stimme, die mehr wie ein Brüllen als wie eine menschliche Stimme klang. Einige Männer, die hinter dem Adjutanten hergeeilt waren, waren dabei, sich auf diesen Mann zu stürzen, als sie ihn in der Helle des Raumes erkannten.

»Gil Braltar!«, schrien sie.

Er war es in der Tat, der Adelige, an den man seit langer Zeit nicht mehr gedacht hatte; der Wilde aus den Grotten von San Miguel.

»Ergebt Ihr Euch?«, brüllte er.

»Niemals!«, antwortete der General Mac Kackmale.

Plötzlich, in dem Moment, in dem die Soldaten ihn umringten, stieß Gil Braltar ein schrilles und langes »Sriss« aus.

Sofort füllte sich der Hof, dann die Wohnung selbst mit einer zudringlichen Masse …

Konnte man es für möglich halten? Das waren Affen, und das zu Hunderten[1]. Kamen sie denn, um diesen Felsen den Engländern wegzunehmen, dessen wirkliche Besitzer sie waren, diesen Berg, den sie ja lange vor den Spaniern bevölkerten, ja lange bevor Cromwell von dessen Eroberung für Großbritannien geträumt hatte?

Ja, wahrhaftig! Und sie waren furchterregend durch ihre Zahl, diese schwanzlosen Affen, mit denen man nur unter Duldung ihrer Plünderungen in Eintracht leben konnte. Diese intelligenten und frechen Wesen, die man sich hütete zu

[1] Die Geschichte wurde 1887 geschrieben; 1986 betrug die Affenpopulation auf Gibraltar noch 30 bis 40 Exemplare. *(Anm. d. Übers.)*

»Ergebt Euch!«, brüllte er.

belästigen, denn sie rächten sich – es war einige Male geschehen – indem sie riesige Felsbrocken auf die Stadt herunterrollen ließen.

Und nun waren diese Affen die Soldaten eines Verrückten geworden, der genauso wild war wie sie, dieser Gil Braltar, den sie kannten, der ihr unabhängiges Leben liebte, dieser vierhändige Wilhelm Tell, dessen ganzes Dasein sich nur auf einen Gedanken konzentrierte: die Fremden vom spanischen Boden zu verjagen.

Welche Schande für das Vereinigte Königreich, wenn der Versuch Erfolg hätte. Die Engländer, Besieger der Inder, der Abessinier, der Tasmanen, der Australier, der Hottentotten und vieler anderer, besiegt durch Affen! Wenn diese Katastrophe einträte, könnte der General Mac Kackmale sich nur noch eine Kugel durch den Kopf jagen. Man überlebt eine solche Schande nicht!

Unterdessen, bevor die Affen in das Zimmer eindrangen, konnten sich einige Soldaten auf Gil Braltar werfen. Der Verrückte, mit einer außergewöhnlichen Kraft versehen, leistete Widerstand. Es erforderte große Mühe, ihn zu besiegen. Da seine falsche Haut ihm im Kampf weggerissen worden war, kauerte er fast nackt in einer Ecke, geknebelt, gefesselt, nicht imstande, sich zu bewegen oder sich hörbar zu machen. Kurze Zeit später stürzte Mac Kackmale aus seinem Haus, entschlossen, zu siegen oder zu sterben, ganz wie es der militärische Schwur verlangte.

Aber die Gefahr war draußen nicht geringer. Offensichtlich war es einigen Infanteristen gelungen, sich bei der Porte de Mer zu sammeln. Sie marschierten in die Richtung der Wohnung des Generals. Einige Schüsse knallten in der Hauptstraße und auf dem Handelsplatz.

Die Anzahl der Affen war jedoch so groß, dass die Garnison von Gibraltar Gefahr lief, bald gezwungen zu sein, ihnen den Platz zu übergeben. Und außerdem, wenn die Spanier gemeinsame Sache mit den Affen machten, würden die Forts aufgegeben, die Batterien verlassen werden, die Befestigungen würden keinen einzigen Verteidiger mehr haben; und den Engländern, die diesen Felsen unerstürmbar gemacht hatten, würde es nicht mehr gelingen, ihn zurückzuerobern.

Plötzlich kündigte sich jedoch ein Umschwung der Lage an.

Tatsächlich, im Schein einiger Fackeln, welche den Hof erleuchteten, konnte man die Affen den Rücktritt antreten sehen. An der Spitze der Bande marschierte ihr Chef, der seinen Stock schwang. Alle folgten ihm im Gleichschritt, wobei sie seine Arm- und Beinbewegungen nachmachten.

War es denn Gil Braltar gelungen, sich seiner Fesseln zu entledigen, aus dem Raum zu entkommen, in welchem man ihn

Der Verrückte und seine Truppe erstiegen
die Hänge des Berges.

bewachte? Man konnte es nicht mehr bezweifeln. Aber wohin wandte er sich jetzt? Bewegte er sich zum Europe Point hin, zu der Villa des Gouverneurs, um ihn anzugreifen, ihn aufzufordern, sich zu ergeben, ganz wie er es von dem General verlangt hatte?

Nein! Der Verrückte und seine Truppe gingen die Main Street hinunter. Dann, nachdem die Porte de l'Alameda passiert war, überquerten alle den Park und erstiegen die Hänge des Berges.

Eine Stunde später war kein einziger der in Gibraltar Eingefallenen mehr in der Stadt. Wie war das vor sich gegangen?

Man wusste es bald, als der General Mac Kackmale am Rande des Parks erschien.

Er war es gewesen, der den Platz des Verrückten eingenommen und den Rückzug geleitet hatte, nachdem er sich die Affenhaut des Gefangenen umgewickelt hatte. Er erinnerte so sehr an einen Vierfüßler, dieser tapfere Krieger, dass selbst die Affen sich getäuscht hatten. Daher brauchte er nur zu erscheinen und schon folgten sie ihm! ...

Ganz einfach die Idee eines Genies, die bald durch die Übersendung des Sankt Georg Kreuzes belohnt würde.

Was Gil Braltar betrifft, so gab das Vereinigte Königreich ihn gegen Entgelt an einen Barnum[1], der reich wurde, indem er ihn durch die wichtigsten Städte der alten und der neuen Welt führte. Er lässt sogar gern verlauten, der Barnum, dass es nicht der Wilde von San Miguel sei, den er da vorführe, sondern der General Mac Kackmale selber.

Gleichwohl ist dieses Abenteuer eine Lehre für die Regierung Ihrer Majestät gewesen. Sie hat gelernt, dass, wenn Gibraltar nicht durch die Menschen genommen werden kann, es immerhin doch den Affen möglich ist. Daher hat Großbritannien ganz praktisch entschieden, von nun an nur noch die hässlichsten ihrer Generäle nach Gibraltar zu schicken, damit sich die Affen nochmals täuschen lassen.

Diese Maßnahme wird England aller Wahrscheinlichkeit nach für immer den Besitz Gibraltars sichern.

[1] Anspielung auf Phineas Taylor Barnum (1810–1891), einem amerikanischen Schausteller und Zirkusbetreiber, der unter anderem auch zahlreiche Kuriositäten präsentierte, darunter auch echte oder angebliche Missgeburten von Menschen und Tieren. Hier als Synonym für einen solchen Schausteller gebraucht.

Der Humbug
Amerikanische Lebensart

Im März des Jahres 1863 bestieg ich den Dampfer *Kentucky*, der zwischen New York und Albany verkehrte.

Zu dieser Jahreszeit verursachte der enorme Warenaustausch zwischen diesen beiden Städten eine rege Geschäftigkeit, was allerdings nichts Ungewöhnliches darstellt. Tatsächlich unterhalten die New Yorker Händler mittels ihrer Partner ständige Beziehungen mit den entferntesten Provinzen und bringen auf diese Weise die Erzeugnisse der Alten Welt in Umlauf, während sie gleichzeitig Waren nationaler Herkunft ins Ausland exportieren.

Meine Abfahrt nach Albany gab mir so erneut die Gelegenheit, die Betriebsamkeit New Yorks zu bewundern.

Von allen Seiten strömten die Reisenden heran; die einen schalten die Träger ihrer zahlreichen Gepäckstücke aus; andere wiederum, deren Garderobe in eine winzige Tasche passte, kamen allein, wie wahrhafte Gentlemen. Man stürzte herbei, allseits bestrebt, einen Platz an Bord des Dampfschiffes, das die Spekulation mit einer gänzlich amerikanischen Elastizität ausgestattet zu haben schien, zu ergattern und zu besetzen. Zwei erste Glockenschläge ertönten und verbreiteten unter den Nachzüglern einiges Entsetzen. Der Schiffssteg bog sich unter dem Gewicht der letzten Ankömmlinge, die generell wie überall Leute sind, deren Reise auch ohne beträchtlichen Schaden hätte verschoben werden könnte. Nach und nach lichtete sich das ganze Gedränge. Pakete und Reisende waren aufgestapelt und untergebracht. Das Feuer brauste in den Rohren des Dampfkessels, und die Brücke der *Kentucky* erzitterte. Die Sonne, die sich bemühte, den Morgendunst zu durchdringen, erwärmte die Märzluft ein wenig, sodass sie einen dazu veranlasste, den Kragen des Anzugs hochzuschlagen, die Hände in die Taschen zu versenken und bei sich zu sagen: Es wird heute schön werden.

Da meine Reise keine geschäftliche war, mir also leichtes Gepäck genügte, um all meine Reiseutensilien zu fassen, und ferner mein Geist sich weder mit zu wagenden Spekulationen noch mit einem zu überwachenden Markt beschäftigte, flanierte ich durch meine Gedankenwelt, verließ mich auf den Zufall, diesen intimen Freund der Touristen, immer bemüht, auf dem Weg etwas Vergnügliches und Unterhaltsames zu treffen, als ich schließlich drei Schritte von mir entfernt Mrs. Melvil bemerkte, die aufs Charmanteste lächelte.

»Wie! Sie, Mistress?«, rief ich mit einer Überraschung aus, die nur von meiner Freude übertroffen werden konnte. »Sie setzen sich den Gefahren und dem Gedränge eines Hudsondampfers aus?«

»Zweifellos, mein lieber Herr«, antwortete mir Mrs. Melvil und reichte mir ihre Hand. »Im Übrigen bin ich nicht allein, meine gute, alte Arsinoé begleitet mich.«

Auf einem Ballen Wolle sitzend, zeigte sie mir ihre treu ergebene schwarze Dienstbotin, welche sie auf rührende Art betrachtete. Das Wort *rührend* ist es wert, unter diesen Umständen hervorgehoben zu werden, da nur *diese* Dienstboten so zu blicken wissen.

»Welche Hilfe und Stütze könnte Ihnen Arsinoé schon sein, Mistress«, sagte ich. »Ich schätze mich glücklich, das Recht zu haben, während dieser Überfahrt Ihr Beschützer zu sein.«

»Wenn Sie es als Recht ansehen«, antwortete sie mir lachend, »werde ich Ihnen gegenüber keinerlei Verpflichtungen empfinden. Aber wie kommt es, dass ich Sie hier treffe? Nach dem, was Sie uns gesagt hatten, wollten Sie diese Reise erst in einigen Tagen antreten. Warum haben Sie uns also gestern nichts von Ihrer Abreise erzählt?«

»Ich wusste selbst nichts davon«, erklärte ich. »Ich entschied mich nur deshalb, nach Albany zu fahren, weil mich die Glocke des Passagierdampfers um 6 Uhr morgens aus dem Schlaf gerissen hatte. Da sehen Sie, wohin so etwas führt. Wenn ich erst um 7 Uhr aufgewacht wäre, hätte ich vielleicht die Route nach Philadelphia genommen. Sie selbst, Mistress, schienen aber gestern Abend auch die sesshafteste Frau der Welt zu sein.«

»Zweifellos! Aber Sie sehen jetzt hier nicht Mrs. Melvil, sondern nur die führende Angestellte von Henri Melvil, dem New Yorker Reeder, die die Ankunft einer Ladung nach Albany überwacht. Sie verstehen das nicht, Sie, der Sie aus den ach so zivilisierten Ländern der Alten Welt kommen. – Mein Mann kann heute Morgen New York nicht verlassen, also werde ich ihn vertreten. Ich versichere Ihnen, dass die Bücher deshalb nicht weniger gut geführt, und die Rechnungen nicht weniger exakt sein werden.«

»Ich bin entschlossen, mich über nichts mehr zu wundern«, rief ich aus. »Wenn dagegen etwas Ähnliches in Frankreich passieren würde, wenn also die Frauen die Geschäfte ihrer Männer führten, würden die Männer nicht zögern, die ihrer Frauen zu übernehmen. Dann wären sie es, die Klavier spielten, Blumen pflückten, Hosenträger bestickten ...«

»Sie schmeicheln Ihren Landsleuten nicht gerade«, entgegnete Mrs. Melvil lachend.

»Ganz im Gegenteil! Denn ich setze voraus, dass deren Frauen ihnen Hosenträger besticken.«

In diesem Moment erklang der dritte Glockenschlag.

Mitten hinein in das Schreien der Seeleute, die mit langen Bootshaken ausgerüstet waren, um das Dampfschiff vom Kai abzustoßen, stürzten sich die letzten Reisenden auf die Landungsbrücke.

Ich bot Mrs. Melvil meinen Arm und führte sie etwas nach hinten, wo das Gedränge weniger stark war.

»Ich habe Ihnen Empfehlungsschreiben für Albany gegeben«, begann sie.

»Zweifellos. Wünschen Sie, dass ich Ihnen ein weiteres Mal dafür danke?«

»Nein, gewiss nicht, denn Sie werden sie gar nicht brauchen. Da ich mich zu meinem Vater begebe, an den sie adressiert sind, erlauben Sie mir, Sie ihm nicht nur vorzustellen, sondern auch in seinem Namen einzuladen.«

»Ich behalte also recht«, sagte ich. »Verlässt man sich auf den Zufall, geschehen die charmantesten Dinge. Wenn man bedenkt, dass wir beide diese Reise beinahe gar nicht hätten angetreten können …«

»Wie das?«

»Ein gewisser Reisender, ein Liebhaber jener Überspanntheiten, deren Exklusivrechte vor der Entdeckung Amerikas die Engländer inne hatten, wollte die ganze *Kentucky* für sich allein reservieren.«

»Ist das etwa der Erbe jener legendären *Companie des Indes*[1], der mit einem Gefolge von Elefanten und heiligen Tänzerinnen reist?«

»Mein Gott, nein! Ich wohnte seiner Diskussion mit dem Kapitän bei, der sein Ansinnen zurückwies. Und ich habe auch keinen einzigen Elefanten gesehen, der sich in das Gespräch

[1] Die französische Ostindienkompanie mit Sitz in der Bretagne, aktienbasierte Handelskompanie des 17. und 18. Jh.

einmischte. Dieses Original schien einfach nur ein dicker, heiterer Mann zu sein, der seine Handlungsfreiheit liebt. Das ist alles. – Aber hallo. Da ist er ja, Mistress! Ich erkenne ihn wieder. Sehen Sie den Reisenden dort, der wild gestikulierend und schreiend auf dem Kai angelaufen kommt? Er wird uns noch aufhalten, denn das Dampfschiff beginnt, vom Ufer abzulegen.«

Ein Mann mittlerer Größe mit einem enormen Kopf, geschmückt mit zwei knallroten Einsteckstäußen, bekleidet mit einem langen, eleganten Mantel und einem breitkrempigen Indianerhut, erschien völlig außer Atem an der Ablegestelle, von der der Landungssteg gerade zurückgezogen worden war. Er fuchtelte herum, und schrie, ohne sich dabei um das Gelächter der ihn umgebenden Menge zu kümmern.

»He! *Kentucky*! … Tausend Teufel! Mein Platz ist reserviert, registriert, bezahlt und man lässt mich an Land zurück? Tausend Teufel! Kapitän! Ich werde Sie dafür vor Gericht zur Verantwortung ziehen!«

»Pech für die Verspäteten«, schrie der Kapitän und stieg auf eine der Walzen. »Wir müssen unseren Plan einhalten. Außerdem beginnt bereits die Ebbe.«

»Tausend Teufel«, schrie der dicke Mann erneut. »Ich werde Sie auf 100 000 Dollar und Schadensersatz verklagen! … Boby«, rief er, während er sich zu einem der zwei ihn begleitenden Schwarzen umdrehte. »Kümmere dich um das Gepäck und laufe zügig ins Hotel zurück, während Dacopa einige Ruderboote klarmacht, damit wir diese verdammte *Kentucky* erreichen.«

»Das ist unnötig«, rief der Kapitän, der jetzt anwies, das letzte Tau loszumachen.

»Los geht's! Dacopa!«, trieb der dicke Mann seinen Diener an.

Dieser bemächtigte sich des Taus in dem Moment, in dem der Dampfer es mit sich zog, und wickelte es um einen der Poller des Kais. Gleichzeitig warf sich der hartnäckige Reisende unter dem Beifall der Menge in ein Ruderboot und erreichte mit einigen Ruderschlägen die *Kentucky*. Er schwang sich an Bord, rannte zum Kapitän und schrie ihm entgegen. Er machte dabei einen Lärm wie zehn Männer und sprach mit mehr Vehemenz als zwanzig Klatschbasen. Der Kapitän, der kaum zu Wort kam und außerdem vor vollendeten Tatsachen stand, beschloss, sich nicht mehr aufzuregen. Er legte sein Sprachrohr beiseite und ging Richtung Maschine. Als er das Signal zur Abfahrt geben wollte, kam der Dicke zu ihm zurück und rief aus:

»Und meine Pakete, zum Teufel?«

»Bitte? Ihre Pakete?«, gab der Kapitän zurück. »Sind es etwa die, die gerade gebracht werden?«

Es entstand ein Gemurmel unter den Reisenden, die diese erneute Verspätung beunruhigte.

»Womit habe ich das verdient?«, schrie der furchtlose Passagier. »Bin ich vielleicht kein freier Bürger der Vereinigten Staaten von Amerika? Ich heiße Augustus Hopkins, und wem der Name nicht genug sagt …«

Ich weiß nicht, ob dieser Name wirklich einen Einfluss auf die Zuschauermenge ausübte. Jedenfalls ließ der Kapitän der *Kentucky* wieder anlegen, um die Gepäckstücke von Augustus Hopkins, dem freien Bürger der Vereinigten Staaten von Amerika, an Bord zu nehmen.

»Ich muss gestehen«, sagte ich zu Mrs. Melvil, »dass dies hier ein seltsamer Mann ist.«

»Weniger seltsam als seine Pakete«, antwortete sie mir und zeigte auf zwei Lastwagen, die zwei enorme Kisten von zwanzig Fuß Höhe, eingepackt in Wachstuch und festgezurrt mittels eines unentwirrbaren Netzes von Stricken und Knoten, herbeischafften. Oben und unten war mit roten Buchstaben von einem Fuß Größe das Wort zerbrechlich geschrieben, was die Vertreter der verantwortlichen Verwaltung hundert Schritt im Umkreis erzittern ließ.

Trotz des durch das Auftauchen dieser monströsen Pakete hervorgerufenen Unmuts zeigte Monsieur Hopkins keinerlei Regung, bis jene nach großen Mühen und mit beträchtlicher Verspätung endlich an Bord abgestellt waren. Schließlich konn-

»Und meine Pakete, zum Teufel?«

te die *Kentucky* den Kai verlassen und fuhr den Hudson inmitten von allen möglichen ihn befahrenden Schiffen hinauf. Augustus Hopkins' Schwarze hatten unterdessen neben den Kisten ihres Meisters, welche das Privileg hatten, den Mittelpunkt der allgemeinen Neugier zu bilden, Stellung bezogen. Die meisten Passagiere drückten sich in der Nähe herum, indem sie sich zu allerlei außergewöhnlichen Mutmaßungen über deren Inhalt hinreißen ließen. Selbst Mrs. Melvil schien sich lebhaft dafür zu interessieren, während ich als Franzose ganz darauf bedacht war, vollkommenes Desinteresse vorzutäuschen.

»Was sind Sie doch für ein seltsamer Mensch!«, sagte Mrs.

Melvil zu mir. »Sie machen sich gar nichts aus dem Inhalt dieser zwei Monumente, während mich die Neugierde fast umbringt.«

»Ich gestehe«, antwortete ich, »dass mich all das wenig interessiert. Als ich die zwei Monstrositäten ankommen sah, stellte ich sofort die zwei unwahrscheinlichsten Vermutungen auf. Entweder sie enthalten ein fünfstöckiges Haus mitsamt seinen Mietern, sagte ich mir, oder sie beinhalten überhaupt nichts. Nun, in beiden Fällen, die die seltsamsten sind, die man sich vorstellen kann, empfände ich nicht die geringste Überraschung. Dagegen, wenn Sie es wünschen, Mistress, werde ich einige Erkundigungen für Sie einholen.«

»Sehr gerne«, antwortete sie mir, »und während Ihrer Abwesenheit werde ich diese Verzeichnisse überprüfen.«

Ich ließ meine eigenartige Reisebegleitung ihre Rechnungen überarbeiten, was sie mit der Schnelligkeit einer New Yorker Bankkassiererin tat, welche in dem Ruf stehen, nur einen Blick auf eine Zahlenreihe werfen zu müssen, um sofort die Gesamtsumme zu wissen.

Über diese merkwürdige Dualität im Wesen charmanter amerikanischer Frauen nachsinnend, machte ich mich auf zu dem, der die Zielscheibe aller Blicke, den Gegenstand jedweder Konversation bildete.

Obwohl die zwei Kisten völlig den Blick in Fahrtrichtung und den Hudson verstellten, dirigierte der Steuermann das Dampfschiff mit absolutem Gottvertrauen, ohne sich um die Hindernisse zu sorgen. Und derer gab es viele, denn keine Flüsse, die Themse ausgenommen, waren derart stark befahren wie die der Vereinigten Staaten. In einer Zeit, in der Frankreich nur 12 000 bis 13 000 Schiffe zählte und England eine Zahl von 40 000 Schiffen erreichte, besaßen die Vereinigten Staaten schon 60 000, von denen 2000 Ozeandampfer die Weltmeere unsicher machten. Man kann von diesen Zahlen auf das Handelsaufkommen schließen und sich so auch die häufigen Unfälle erklären, deren Schauplatz amerikanische Flüsse oft sind.

Allerdings sind diese Katastrophen, diese Schiffsunglücke, in den Augen der kühnen Unternehmer, von nur geringer Bedeutung. Es entstand daraus sogar noch eine neue Einnahmequelle für die Versicherungsgesellschaften, die weitaus schlechtere Geschäfte machen würden, wären ihre Prämien nicht exorbitant. Bei gleichem Gewicht und Volumen hat ein Mensch in Amerika weniger Bedeutung und Wert als ein Sack Kohle oder eine Ladung Kaffee.

Vielleicht haben die Amerikaner ja recht, aber ich, ich gäbe alle Kohleminen und Kaffeeplantagen der Welt für meine kleine französische Person! Nun, ich machte mir also durchaus Sorgen über den Ausgang unserer Reise unter Volldampf und hindurch durch eine Vielzahl von Hindernissen.

Augustus Hopkins schien meine Befürchtungen nicht zu teilen. Er musste einer jener Leute sein, die eher springen, entgleisen oder kentern, als dass sie sich ein Geschäft entgehen ließen. Jedenfalls kümmerte er sich nicht im Geringsten um die Schönheit des Hudsonufers. Die 18 Stunden, die das Schiff für die Strecke brauchte, waren für ihn verlorene Zeit. Die malerischen Uferstädtchen, die hier und da wie Sträuße zu Füßen einer Primadonna in der Landschaft verstreuten Wälder, der liebliche Verlauf des Flusses, die ersten Frühlingsboten – nichts konnte diesen Mann von seinen geschäftlichen Überlegungen abbringen. Unvollständige Sätze vor sich hinmurmelnd, durchmaß er das Schiff von einem Ende zum anderen. Oder er setzte sich plötzlich auf einen Warenballen und zog aus einer seiner zahlreichen Taschen ein dickes Portemonnaie, in dem unzählige verschiedenartige Papiere steckten. Ich glaubte sogar, dass er diese Sammlung von Papierkram eigentlich nur zur Schau stellen, ausbreiten und auslegen wollte. Er stöberte gierig in einem enormen Stapel von Briefen, entfaltete die Korrespondenz mit Briefmarken und Stempeln aus aller Herren Länder und überflog verbissen, von den Umstehenden beobachtet, die engen Linien.

Es schien mir unmöglich, mich an ihn zu wenden, um irgendetwas zu erfahren. Umsonst hatten einige Neugierige versucht, die zwei bei den mysteriösen Kisten Wache stehenden

Schwarzen in ein Gespräch zu verwickeln; diese Kinder Afrikas hatten im Gegensatz zu ihrer sonstigen Schwatzhaftigkeit absolutes Schweigen bewahrt.

Ich wollte gerade zu Mrs. Melvil zurückkehren und ihr meine persönlichen Eindrücke schildern, als ich mich inmitten einer Gruppe, die den Kapitän der *Kentucky* umringte, wiederfand. Ihr Gespräch drehte sich um Hopkins.

»Ich wiederhole es Ihnen«, sagte der Kapitän. »Dieses Original macht es nie anders. Zehn Mal fährt er schon den Hudson von New York nach Albany hinauf, und zehn Mal hat er es geschafft, zu spät zu kommen, und ebenso oft führt er ähnliche Ladung mit. Was das werden soll? Ich weiß es nicht. Es geht das Gerücht um, dass Mr. Hopkins ein großes Unternehmen einige Meilen von Albany entfernt aufbaut und dass man ihm unbekannte Waren schickt.«

»Das muss ein hohes Tier der Indienkompanie sein«, sagte einer der Assistenten, »der gerade eine Zweigstelle in Amerika gegründet hat.«

»Oder vielmehr ein reicher kalifornischer Pflanzer«, antwortete ein anderer.

»Oder Versteigerungsware, für die man ein Lieferungsangebot machen könnte«, gab ein Dritter zurück. »Der *New York Herald* hatte es kürzlich vorausgesagt.«

»Es wird nicht lange dauern«, ergriff ein Vierter das Wort, »bis wir die Aktien einer neuen, 500 Millionen schweren Handelsgesellschaft klettern sehen werden. Ich bestelle als Erster 10 Aktien zu 1000 Dollar.«

»Warum als Erster?«, fragte jemand. »Haben Sie denn schon Zusagen in dieser Angelegenheit? Ich bin bereit, den Betrag für 200 Aktien aufzubieten, wenn nötig auch noch mehr.«

»Wenn ich noch etwas übrig lasse«, schrie von Weitem jemand, dessen Gesicht ich nicht erkennen konnte. »Es handelt sich hier offensichtlich um die Errichtung einer Eisenbahnstrecke von Albany nach San Francisco. Und der Bankier, der als Gläubiger zeichnet, ist mein bester Freund.«

»Was reden Sie von Eisenbahnstrecke? Dieser Hopkins

kommt, um ein Elektrokabel durch den Ontariosee zu legen und die großen Kisten enthalten meilenlange Seile und Isolationsmaterial.«

»Durch den Ontariosee! Aber das ist ja eine Goldgrube! Wo ist der Herr?«, schrien mehrere vom Dämon der Spekulation gepackte Händler. »Mr. Hopkins wird uns sicher sein Unternehmen vorstellen. Mir gehören die ersten Aktien!«

»Bitte, Mr. Hopkins, mir!«

»Nein, mir!«

»Nein, mir! Ich biete 1000 Dollar Zulage.«

Die Nachfragen und Gebote überschlugen sich und es gab ein totales Durcheinander. Obwohl die Spekulationssucht mich nicht erfasste, folgte ich der Gruppe der Aktionäre, die sich zum Helden der *Kentucky* begab. Schon bald war Hopkins von einer undurchdringlichen Menge umgeben, auf die er nicht einmal einen Blick zu werfen gedachte. Lange Zahlenreihen, Ziffern mit etlichen Nullen daran breiteten sich auf seiner großen Brieftasche aus. Die vier arithmetischen Grundrechenarten führte er mit überirdischer Schnelligkeit und Sicherheit aus. Die Millionen entschlüpften blitzschnell seinen Lippen. Er schien Opfer des Rechenfiebers zu sein. Trotz der Turbulenzen, die in all diesen von der Handelsleidenschaft gepackten amerikanischen Köpfen vor sich gingen, breitete sich Stille um ihn herum aus.

Schließlich, nach einer monströsen Rechenoperation, während derer Meister Hopkins dreimal seinen Stift zerbrochen hatte, sprach er die heiligen Worte:

»100 Millionen.«

Sodann faltete er schnell seine Papiere zusammen, steckte sie in seine furchterregende Brieftasche und zog aus seiner Tasche eine mit zwei Reihen feinster Perlen besetzte Uhr.

»Neun Uhr. Schon neun Uhr!«, schrie er. »Dieses verdammte Schiff fährt zu langsam. Der Kapitän? Wo ist der Kapitän?«

Während er dies sagte, durchbrach er die ihn belagernde Menge und sah den Kapitän, der durch die Maschinendeckluke dem Maschinisten Anweisungen gab.

»Wissen Sie, Kapitän«, sagte er mit Nachdruck, »wissen Sie, dass mich eine 10-minütige Verspätung ein Vermögen kosten kann?«

»Mir erzählen Sie etwas von Verspätung«, antwortete der Kapitän, überrascht von dem Vorwurf, »wenn Sie selbst der Grund dafür sind?«

»Wenn Sie nicht so störrisch gewesen wären, mich an Land zu lassen«, gab Hopkins mit sich überschlagender Stimme zurück, »hätten Sie keine um diese Jahreszeit so wertvolle Zeit verloren.«

»Und wenn Sie und Ihre Kisten rechtzeitig angekommen wären«, entgegnete der Kapitän irritiert, »hätten wir die Flut nutzen können und befänden uns jetzt gut drei Meilen weiter.«

»Ich diskutiere nicht länger. Ich muss vor Mitternacht in Albany im Hotel Washington sein und wenn nicht, hätte ich New York besser gar nicht erst verlassen. Ich warne Sie, in diesem Fall verklage ich Ihre Gesellschaft auf Schadensersatz.«

»Lassen Sie mich endlich in Ruhe!«, schrie der Kapitän, der anfing sich zu ärgern.

»Nein, gewiss nicht, solange Ihre Zaghaftigkeit und Sparsamkeit im Umgang mit Heizmaterial mich ein Riesenvermögen kosten könnten. Los, Heizer, vier oder fünf gute Schaufeln Kohle mehr in den Kessel und ihr, Maschinisten, setzt mir den Fuß aufs Ventil eurer Heizung, damit wir die verlorene Zeit aufholen!«

Mit diesen Worten warf Hopkins eine Börse mit blinkenden Dollars in den Heizraum.

Der Kapitän geriet daraufhin in heftige Wut, aber unserem rasenden Reisenden gelang es, lauter und ausdauernder als er zu schreien. Was mich betraf, so entfernte ich mich schnell vom Ort des Konflikts. Ich wusste, dass diese Anweisungen an den Maschinisten, das Ventil zu manipulieren, um den Dampfdruck und somit die Geschwindigkeit des Schiffes zu erhöhen, zu nichts anderem führen konnte als zur Explosion des Kessels.

Es ist unnötig zu erwähnen, dass unsere Mitreisenden das Handeln des Spediteurs völlig normal fanden. Ich würde Mrs.

Hopkins warf eine Börse in den Heizraum.

Melvil besser nichts von meinen schrecklichen Befürchtungen berichten, da sie sicher Tränen gelacht hätte.

Als ich zu ihr zurückkehrte, waren ihre umfassenden Rechnereien beendet und ihre charmante Stirn frei von geschäftlichen Sorgenfalten.

»Sie haben den Geschäftsmann in mir verlassen«, sagte sie, »und finden die Frau von Welt wieder. Sie können sie jetzt mit allem unterhalten, was Ihnen gefällt, Sie können zu ihr von Kunst, von Gefühlen, von Poesie sprechen.«

»Von der Kunst sprechen«, rief ich, »von Träumen und von

Poesie! Nach dem, was ich gesehen und gehört habe! Nein, nein! Ich bin durchdrungen von Krämergeist und höre nur noch die Dollars klingen. Ich sehe in diesem schönen Fluss nur noch eine bequeme Strecke, um Ware zu befördern, in diesen anmutigen Ufern nur noch einen Treidelweg, in den hübschen Siedlungen nur noch eine Ansammlung von Zucker- und Baumwollgeschäften und ich denke ernsthaft darüber nach, einen Staudamm am Hudson zu errichten, um das Wasser zum Betreiben von Kaffeemühlen zu nutzen.«

»Na so was, eine Kaffeemühle, aber das ist ja eine gute Idee!«

»Bitte, warum sollte ich nicht Ideen wie die anderen haben?«

»Woher kommt denn Ihr plötzliches geschäftliches Interesse?«, fragte Mrs. Melvil lachend.

»Urteilen Sie selbst«, antwortete ich und erzählte ihr von den diversen Szenen, deren Zeuge ich geworden war.

Sie lauschte aufmerksam meinem Bericht, wie man es von der amerikanischen Intelligenz erwartet, und dachte nach. Eine Pariserin hätte mich nicht halb so lange reden lassen.

»Nun, Mistress, was halten Sie also von diesem Hopkins?«

»Dieser Mann«, antwortete sie, »ist entweder ein genialer Spekulant, der im Begriff ist, ein gigantisches Unternehmen zu gründen, oder aber ein verwegener Gaukler vom Jahrmarkt in Baltimore.«

Ich begann zu lachen und die Konversation wendete sich anderen Themen zu.

Unsere Reise endete ohne Zwischenfälle, abgesehen von Hopkins' Kiste, die bei dessen Versuch, sie gegen die Erlaubnis des Kapitäns umzustellen, beinahe ins Wasser gefallen wäre. Die darauf folgende Diskussion diente ihm nochmals dazu, die Wichtigkeit seiner Geschäfte und die Bedeutung seiner Fracht zu unterstreichen. Zu den Mahlzeiten aß er nicht wie ein Mann, der die körperliche Stärkung sucht, sondern wie einer, der möglichst viel Geld ausgeben will. Bei unserer Ankunft gab es wirklich keinen Reisenden, der nicht eine Reihe von Anekdoten über diese außergewöhnliche Person zu erzählen wusste.

Die *Kentucky* legte schließlich doch vor Mitternacht in Albany an. Zutiefst erleichtert über die glückliche Ankunft, bot ich Mrs. Melvil meinen Arm, während Meister Hopkins, nachdem er unter großem Getöse seine wunderlichen Kisten von Bord transportiert hatte, von einer beträchtlichen Menschenmenge gefolgt, einen triumphalen Einzug ins Hotel Washington hielt.

Ich wurde von Mr. Wilson, dem Vater von Mrs. Melvil, mit jener vornehmen Offenheit empfangen, die die Gastfreundschaft umso wertvoller macht. Obwohl ich von der Reise etwas in Mitleidenschaft gezogen war, bestand dieser ehrenwerte Geschäftsmann darauf, mich in einem hübschen blauen Zimmer in seinem Heim unterzubringen. Ein Hotel mit seinen geräumigen Wohnungen erschien mir winzig im Vergleich mit diesem riesigen, einem Warenhaus ähnelnden Gebäude. Es wimmelte nur so von Bediensteten, Arbeitern, Angestellten, Handlangern in dieser regelrechten Stadt, der selbst Le Havre und Bordeaux mit ihren Handelshäusern nicht das Wasser reichen können. Trotz der vielfältigen Aufgaben des Hausherrn wurde ich wie ein Fürst behandelt. Die Bedienung erfolgte durch Schwarze und war man einmal von ihnen umsorgt worden, konnte man sich keine anderen Diener mehr vorstellen. Lieber verrichtete man die Tätigkeiten selbst.

Am nächsten Tag ging ich in der hübschen Stadt Albany spazieren, deren Name allein mich schon immer bezaubert hatte. Ich fand hier die ganze Betriebsamkeit von New York wieder. Das gleiche geschäftliche Treiben, eine ähnliche Vielzahl von Interessen. Die nach Gewinn dürstenden Händler, ihr Arbeitseifer, das Bedürfnis, alles, was Industrie und Spekulation hergeben, zu Geld zu machen – all das erscheint den Geschäftsleuten der Neuen Welt nicht abstoßend, wie es manchmal bei ihren Kollegen aus Übersee der Fall ist. In ihrer Art, Handel zu betreiben, liegt eine gewisse sympathische Größe. Man begreift, dass die Leute deshalb viel verdienen müssen, weil sie auch viel ausgeben.

Während der luxuriösen Mahlzeiten und der Abendgesellschaften ging die Konversation von allgemeinen Themen immer zu speziellen über. Man plauderte über die Stadt, von ihren

Vergnügungen, von ihrem Theater. Mr. Wilson war ausgezeichnet auf dem Laufenden, was diese weltlichen Zerstreuungen betraf, aber er schien mir auch so amerikanisch, wie man nur sein kann, als wir auf diese Überspanntheit sämtlicher Städte zu sprechen kamen, über die in Europa heftig diskutiert wurde.

»Sie spielen auf unser Verhalten hinsichtlich der berühmten Lola Montez[1] an?«, fragte mich Mr. Wilson.

»Zweifellos«, antwortete ich. »Nur die Amerikaner bringen es fertig, die Komtesse von Landsfeld ernstzunehmen.«

»Wir nehmen sie ernst«, entgegnete Mr. Wilson, »weil sie ernsthaft war. Außerdem messen wir den schwersten Affären keine Bedeutung bei, solange sie auf leichte Art behandelt werden.«

»Es muss Sie schockieren«, sagte Mrs. Melvil im neckischen Ton zu mir, »dass Lola Montez unter anderem unsere Mädchenpensionate besichtigte.«

»Ich gebe zu«, gab ich zurück, »dass diese Tatsache mir seltsam erschienen ist, denn diese charmante Tänzerin ist kein Vorbild für junge Mädchen.«

»Unsere jungen Mädchen«, nahm Mr. Wilson das Wort auf, »sind zu mehr Unabhängigkeit erzogen als die Ihren. Als Lola Montez die Pensionate besichtigte, tat sie das nicht als Tänzerin aus Paris, nicht als die Komtesse von Landsfeld aus Bayern, sondern als berühmte Frau, deren Äußeres man nur als sehr angenehm bezeichnen kann. Es war ein Fest, ein Vergnügen, eine Unterhaltung, das ist alles. Was soll schlecht daran sein?«

»Schlecht ist, dass derartig starker Beifall die großen Künstler verdirbt. Sie sind nicht mehr zu ertragen, wenn sie von ihren Tourneen aus den Vereinigten Staaten zurückkehren.«

»Haben sie sich beklagt?«, fragte Mr. Wilson sofort.

»Ganz im Gegenteil«, antwortete ich. »Aber wie kann z. B.

---

[1] Elizabeth Rosanna Gilbert (1821–1861), Maitresse des Bayernkönigs Ludwigs I., eigentlich irische Tänzerin und dann der Gesellschaftsfähigkeit wegen geadelt.

Jenny Lind[1] sich von einer europäischen Gastfreundschaft geehrt fühlen, wenn sich hier die angesehensten Männer während der öffentlichen Feste an ihren Wagen heften. Wäre die Gründung von Krankenhäusern je solch einen Reklameaufwand wert?«

»Sie sprechen, als ob Sie eifersüchtig sind«, versetzte Mrs. Melvil, »Sie nehmen es dieser großen Künstlerin übel, nie einem Auftritt in Paris zugestimmt zu haben.«

»Nein, gewiss nicht, im Übrigen empfehle ich ihr nicht, dorthin zu fahren, da sie nicht den Empfang finden wird, wie Sie ihn ihr hier bereitet haben.«

»Da entgeht Ihnen etwas«, sagte Mr. Wilson.

»Weniger als ihr, meiner Meinung nach.«

»Zumindest verlieren Sie die Krankenhäuser«, sagte Mrs. Melvil lachend.

Die Diskussion verlief weiterhin in heiterem Ton. Nach einer Weile sagte Mr. Wilson zu mir:

»Wenn diese Werbeaktionen Sie interessieren, erwartet Sie etwas Fantastisches. Morgen findet die Versteigerung der ersten Eintrittskarten für das Konzert von Mrs. Sontag[2] statt.«

»Eine Versteigerung, so als ob es sich um eine Eisenbahn handelte?«

»Zweifellos, und derjenige, der sich bis jetzt als Käufer mit den kühnsten Ansprüchen aufspielt, ist ganz einfach ein ehrlicher Hutmacher aus Albany.«

»Er ist also Musikliebhaber«, fragte ich.

»Er, dieser John Turner? … Er hasst Musik. Sie ist für ihn der schrecklichste Lärm.«

»Also, was ist sein Ziel?«

»Sich gut in der Öffentlichkeit zu präsentieren. Das ist Reklame. Man wird von ihm sprechen, nicht nur in der Stadt, sondern in den ganzen Vereinigten Staaten, sogar in Europa,

---

[1] Schwedische Opernsängerin (1820–1887), die *schwedische Nachtigall* genannt, welche eine kometenhafte Karriere hatte.

[2] Henriette Sontag, eigentlich Gertrude Walpurgis Sontag (1806–1854), deutsche Opernsängerin.

und man wird seine Hüte kaufen. Er wird mit seinem Schund die ganze Welt beliefern.«

»Das ist doch nicht möglich!«

»Sie werden es morgen sehen, und wenn Sie einen Hut brauchen …«

»… dann werde ich ihn nicht bei ihm kaufen. Sie müssen ja scheußlich sein.«

»Ah, der wütende Pariser!«, rief Mrs. Melvil aus und stand auf.

Ich empfahl mich meinen Gastgebern und ging schlafen, um von diesen amerikanischen Merkwürdigkeiten zu träumen.

Am nächsten Tag wohnte ich der Versteigerung der berühmten Eintrittskarten zum Konzert von Mrs. Sontag mit einer Ernsthaftigkeit bei, die selbst dem kaltblütigsten Einwohner der Staaten alle Ehre gemacht hätte.

Der Hutmacher John Turner, der Held dieser neuen Überspanntheit, zog alle Blicke auf sich. Seine Freunde umringten und beglückwünschten ihn, als ob er die Unabhängigkeit seines Landes gerettet hätte. Andere ermutigten ihn. Es waren Wetten über seine Chancen und die seiner Konkurrenten abgeschlossen worden.

Die Auktion begann. Die erste Eintrittskarte stieg im Preis schnell von vier auf zweihundert, dreihundert Dollar. John Turner war sich sicher, das letzte Gebot abzugeben. Er überbot den Betrag seiner Gegner immer nur um eine kleine Summe, denn es hätte diesem mutigen Mann genügt, das Ticket, wenn nötig, mit nur einem Dollar Preisunterschied zu bekommen. Insgesamt rechnete er aber damit, Tausend Dollar für den Erwerb dieses Konzertplatzes bezahlen zu müssen. Die Zahlen drei-, vier-, fünf- und sechshundert folgten ziemlich schnell aufeinander. Die Zuhörerschaft war bis aufs Äußerste gespannt und das beifällige Geraune begrüßte jedes kühne Gebot. Dieses erste Ticket hatte in den Augen aller einen unendlich hohen Wert, um die anderen kümmerte man sich recht wenig. Mit einem Wort, es war eine Ehrensache.

Plötzlich erschallte ein lang gezogenes »Ah«. Der Hutmacher hatte mit lauter Stimme »Tausend Dollar« gerufen.

»Tausend Dollar«, wiederholte der Auktionator. »Niemand bietet mehr? Sagt jemand mehr?«

In der Stille, die sich zwischen diesen Ausrufen ausbreitete, spürte man ein Schaudern im Saal. Ich war gegen meinen Willen beeindruckt. Turner, seines Triumphes sicher, ließ einen befriedigten Blick über seine Bewunderer schweifen. Er hielt einen Stoß Geldscheine einer der sechshundert Banken der Vereinigten Staaten in der Hand und wedelte damit, während nochmals gefragt wurde:

»Tausend Dollar zum ...«

»Dreitausend Dollar!«, schrie eine Stimme, die mich den Kopf wenden ließ.

»Hurra!«, rief der Saal begeistert.

»Dreitausend Dollar«, wiederholte der Auktionator.

Vor einem solchen Käufer hatte der Hutmacher den Kopf gebeugt und war unbemerkt inmitten der allgemeinen Begeisterung geflohen.

»Verkauft für dreitausend Dollar«, verkündete der Auktionator ein letztes Mal.

Ich sah niemand anderen als Augustus Hopkins, den freien Bürger der Vereinigten Staaten von Amerika, nach vorne kommen. Selbstverständlich wurde er augenblicklich zur Berühmtheit und es blieb lediglich übrig, Hymnen zu seinen Ehren zu komponieren.

Ich konnte nur unter großen Mühen den Saal verlassen und mir einen Weg durch die zehntausend Leute bahnen, die den triumphalen Käufer an der Tür erwarteten. Sobald er erschien, erklangen Beifallsrufe. Zum zweiten Mal seit dem Vorabend wurde er von der hingerissenen Bevölkerung zum Hotel Washington begleitet. Er dagegen grüßte auf zugleich bescheidene und hochmütige Weise, und am Abend erschien er auf allgemeinen Wunsch auf dem großen Balkon des Hotels, wo ihn eine entfesselte Menge Beifall spendete.

»Nun, was denken Sie?«, fragte Mr. Wilson, als ich ihn nach

dem Abendessen von den Zwischenfällen des Tages unterrichtet hatte.

»Ich denke, dass Mrs. Sontag mir als Franzosen und als Pariser gnädigerweise einen Platz zu meiner Verfügung stellen wird, ohne dass ich um die fünfzehntausend Francs bezahlen muss.«

»Das denke ich auch«, antwortete Mr. Wilson, »aber wenn dieser Mr. Hopkins ein geschickter Mann ist, können ihm diese dreitausend Dollar hunderttausend einbringen. Ein Mann, der diesen Grad an Exzentrizität erreicht hat, muss sich nur bücken, um Millionen aufzuheben.«

»Wer mag das nur sein, dieser Hopkins«, sagte Mrs. Melvil.

Und genau das fragte sich zur selben Zeit die gesamte Stadt Albany.

Die Ereignisse würden es zeigen.

Tatsächlich kamen einige Tage später neue Kisten von noch außergewöhnlicherer Form und Größe mit dem Dampfer aus New York an. Eine von ihnen, die einem Haus nicht unähnlich war, drang unvorsichtigerweise oder vorsichtig, wie man's nimmt, in eine enge Straße eines der Vororte Albanys ein. Bald konnte sie weder vor- noch zurückbewegt werden und musste dort bleiben, unbeweglich wie ein Felsquader. Vierundzwanzig Stunden lang kamen die Einwohner der Stadt herbei, um dieses Spektakel anzusehen. Hopkins nutzte die Ansammlungen, um seinen Hokuspokus zu veranstalten. Er wetterte gegen die unfähigen Architekten des Ortes und redete von nichts Geringerem als von der Verlegung der Straßen der Stadt, damit seine Fracht passieren konnte.

Es wurde schnell klar, dass man die Wahl zwischen zwei Möglichkeiten hatte: entweder die Kiste, deren Inhalt die neugierigen Gemüter stark beunruhigte, zu zerlegen oder das den Durchgang behindernde Bauwerk niederzureißen. Die Neugierigen aus Albany hätten zweifellos die erste Option befürwortet, aber Hopkins sah das nicht so. Es musste etwas getan werden. Der Verkehr im Viertel war zum Erliegen gekommen und die Polizei drohte damit, die Demontierung der

Die Bürger kamen, um dieses Spektakel anzusehen.

Kiste gerichtlich anordnen zu lassen. Hopkins löste das Problem, indem er das störende Haus kaufte und es dann abreißen ließ.

Man kann sich vorstellen, dass dieser letzte Schachzug ihn auf den Gipfel der Berühmtheit katapultierte. Sein Name und seine Geschichte machten die Runde in allen Salons. Im Zirkel der Unabhängigen und im Zirkel der Union war nur von ihm die Rede. Neue Wetten über die Vorhaben dieses mysteriösen Mannes wurden in den Cafés der Stadt abgeschlossen. Die Zeitungen ließen sich zu den gewagtesten Vermutungen hinreißen, was zeitweilig sogar die öffentliche Aufmerksamkeit von den zwischen Kuba und den Vereinigten Staaten aufgekommenen Konflikten ablenkte. Ich glaube zudem, dass es ein Duell zwischen einem Geschäftsmann und einem Offizier aus Albany gab, dessen Sieger Hopkins hieß.

Als das Konzert von Mrs. Sontag, dem ich im Gegensatz zu unserem geräuschvollen Helden als stiller Zuhörer beiwohnte, schließlich stattfand, hätte dessen alles andere in den Schatten stellende Anwesenheit den Auftritt der Sängerin fast zum Scheitern gebracht.

Schließlich wurde das Geheimnis gelüftet und bald versuchte auch Augustus Hopkins nicht mehr, es zu verschleiern. Dieser Mann war ganz einfach ein Unternehmer, der kam, um in Albanys Umgebung eine Art Weltausstellung zu errichten. Er versuchte auf eigene Kosten eine von jenen Unternehmungen, deren Monopol bisher die Regierungen besaßen.

Zu diesem Zweck hatte er drei Meilen von Albany entfernt eine riesige unbebaute Ebene gekauft. Auf diesem verlassenen Gelände standen nur noch die Ruinen des Fort William, das früher die englischen Handelsposten an der kanadischen Grenze beschützte.

Hopkins beschäftigte sich bereits mit der Anwerbung von Arbeitern, um mit seinen gigantischen Arbeiten zu beginnen. Seine riesigen Kisten beinhalteten zweifellos Werkzeuge und Maschinen für seine Bauwerke.

Sobald diese Nachricht sich bis an die Börse von Albany ausgebreitet hatte, beschäftigte sie die Händler aufs Stärkste. Jeder versuchte, den großen Unternehmer zu erreichen, um ihm Aktienversprechen abzunehmen. Aber Hopkins antwortete ausweichend auf alle Anfragen. Das wiederum verhinderte nicht, dass sich ein fiktiver Aktienkurs für diese imaginären Aktien etablierte. Und diese Geschäfte begannen alsbald enorme Ausmaße anzunehmen.

»Dieser Mann«, sagte eines Tages Mr. Wilson zu mir, »ist ein sehr geschickter Spekulant. Ich weiß nicht, ob er Millionär ist oder bettelarm, denn man muss Job oder Rothschild sein, um solche Unternehmungen zu starten. Aber er wird sicher viel Geld machen.«

»Ich weiß weder, was ich glauben, noch, wen von beiden ich bewundern soll, mein lieber Mr. Wilson: den Mann, der derartige Geschäfte wagt, oder ein Land, das sie unterstützt und befürwortet, ohne mehr davon wissen zu wollen.«

»Nur so hat man Erfolg, mein lieber Herr.«

»... oder so ruiniert man sich«, antwortete ich.

»Nun ja«, erwiderte Mr. Wilson, »Sie müssen wissen, dass ein Ruin in Amerika alle reich macht und niemanden ruiniert.«

Ich konnte gegen Mr. Wilson nur recht behalten, wenn mir die Fakten halfen. In höchstem Maße ungeduldig erwartete ich also das Resultat dieser Manöver. Ich sammelte alle, auch die noch so unbedeutendsten Neuigkeiten über das Unternehmen von Augustus Hopkins und las die Zeitungen, die uns jeden Tag unterrichteten. Die ersten Arbeiter waren entsandt worden, die Ruinen begannen zu verschwinden. Es war nur noch von diesen Arbeiten, deren Vollendung einen wahrhaften Enthusiasmus erforderte, die Rede. Die Anfragen kamen von allen Seiten: von New York, von Albany, Boston und Baltimore. Die »Musikinstrumente«, die »Daguerrografien«[1], die »Bauchbinden«, die »Zentrifugalpumpen«, die »Walzenklaviere«[2] bewarben sich um die besten Plätze. Die amerikanische Fantasie war stets sehr lebhaft. Man sicherte zu, dass um die Ausstellung herum eine ganze Stadt entstehen würde. Man verlieh Augustus Hopkins den Auftrag, in Konkurrenz zu New Orleans eine Stadt zu errichten und ihr seinen Namen zu geben. Man fügte gleich noch hinzu, dass diese wegen ihrer Nähe zur Grenze selbstverständlich befestigte Stadt bald Hauptstadt der Vereinigten Staaten würde. Etc., etc.

Während diese Übertreibungen in Umlauf waren und sich in den Gehirnen der Leute vermehrten, bewahrte der Held des

---

[1] Auch Daguerrotypie; eine aus dem 19. Jahrhundert stammende Art der Fotografie, die nach ihrem Erfinder, Louis Jacques Mandé Daguerre, benannt wurde.

[2] Im franz. Original *»squave pianos«*. Möglicherweise ist *»square piano«* (dt. Tafelklavier) gemeint.

Aufruhrs Stillschweigen. Er kam regelmäßig an die Börse von Albany, erkundigte sich nach den Geschäften, nahm die Gewinne zur Kenntnis, sprach aber kein Wort über seine umfangreichen Pläne. Man wunderte sich sogar, dass ein Mann mit seiner Macht keinerlei Eigenwerbung betrieb. Vielleicht schätzte er diese Möglichkeiten als zu gewöhnlich ein, um ein Unternehmen erfolgreich zu machen, und verließ sich auf die eigenen Verdienste.

Nun denn, an diesem Punkt waren die Dinge jedenfalls angelangt, als eines schönen Morgens der *New York Herald* in seinen Spalten die folgende Nachricht veröffentlichte:

»Jeder weiß, dass die Arbeiten an der Weltausstellung von Albany sehr schnell vorangehen. Schon sind die Ruinen des alten Fort Williams verschwunden und unter allgemeiner Begeisterung werden die Fundamente der wundervollen Gebäude ausgehoben. Vor Kurzem förderte die Spitzhacke eines Arbeiters die Reste eines enormen Skeletts zutage, das seit Tausenden von Jahren dort verborgen lag. Beeilen wir uns hinzuzufügen, dass diese Entdeckung in keiner Weise die Arbeiten beeinträchtigen wird, die den Vereinigten Staaten von Amerika ein Achtes Weltwunder bescheren sollen.«

Ich verfolgte diese Zeilen mit nur eingeschränkter Aufmerksamkeit, was dem Gewimmel zahlloser, die amerikanischen Zeitungen überschwemmenden Kurznachrichten geschuldet war. Ich ahnte nicht, was sich später daraus entwickeln sollte.

Es ist wahr, dass diese Entdeckung, von Augustus Hopkins selbst mitgeteilt, eine außergewöhnliche Bedeutung gewann. So sehr er sich auch reserviert zeigte, was die Erklärungen zu seinen Plänen jenseits seines großen Unternehmens betraf, so sehr war er verschwenderisch mit Worten, Kommentaren, Schlussfolgerungen hinsichtlich der Exhumierung des wunderbaren Skeletts. Man könnte sagen, er brachte alle seine finanziellen Pläne und Spekulationen mit diesem Fund in Zusammenhang. Dieser Fund schien wirklich wunderbar zu sein. Die

Grabungen waren laut den Anweisungen Hopkins' mit dem Ziel durchgeführt worden, das andere Ende des gigantischen Fossils zu entdecken. Jedoch drei Tage Arbeit führten zu keinerlei Ergebnis. Man konnte nicht vorhersehen, bis wohin sich die erstaunlichen Überreste erstrecken würden, als Hopkins, der selbst tiefe Aushebungen zweihundert Fuß von den ersten entfernt vornahm, schließlich das Ende dieses zyklopischen Gerippes fand.

Die Neuigkeit breitete sich in Windeseile aus, und diese in den Annalen der Geologie einzigartige Entdeckung nahm den Charakter eines Geschehens von Weltrang an. Mit ihrem beeindruckenden, beweglichen und zur Übertreibung neigenden Naturell zögerten die Amerikaner nicht, die Neuigkeit, deren Bedeutung sie nach Belieben aufbauschten, zu verbreiten. Man fragte sich, woher diese riesigen Trümmer kommen konnten, was man aus ihrem Vorhandensein in heimischem Boden schließen sollte. Daraufhin wurden, dieses Thema betreffend von der Industrie Albanys Untersuchungen angestellt.

Dieses Problem, ich gebe es zu, interessierte mich mehr als die glänzende Zukunft der Industriekomplexe und die exzentrischen Spekulationen der Neuen Welt. Ich legte mich auf die Lauer, um nicht das geringste Ereignis in dieser Angelegenheit zu verpassen. Das war nicht schwierig, denn die Zeitungen berichteten auf jede mögliche Weise von ihnen. Übrigens konnte ich mich glücklich schätzen, vom Bürger Hopkins selbst ins Bild gesetzt zu werden.

Seit seinem Erscheinen in Albany war dieser sonderbare Mann durch die bessere Gesellschaft in Augenschein genommen worden. In den Vereinigten Staaten, wo die Sparte der Geschäftsleute hinsichtlich des Ansehens der der Adelsklasse in Europa entsprach, war es nur natürlich, dass ein solch kühner Spekulant mit allen ihm gebührenden Ehren empfangen wurde. Er wurde also mit charakteristischem Eifer in die Zirkel und zum Tee in die Familien eingeladen. So traf ich ihn eines Abends im Salon von Mr. Wilson. Natürlich unterhielt man sich nur über die Nachrichten des Tages. Mr. Hopkins kam dabei allen Fragen zuvor. Er gab uns eine interessante, gründliche, gelehrte und geistvolle Beschreibung seiner Entdeckung, darüber, wie sie sich ereignet hatte und über die unberechenbaren Konsequenzen. Er ließ gleichzeitig durchblicken, dass er darüber nachdachte, Profit daraus zu schlagen.

»Unsere Arbeiten«, sagte er uns, »sind momentan unterbrochen, da sich zwischen den ersten und letzten Grabungen, die die Enden des Skeletts freilegten, ein beträchtliches Gebiet erstreckt, auf dem sich schon einige meiner neuen Bauten erheben.«

»Aber sind Sie sicher«, fragte man ihn, »dass sich in dieser noch unerforschten Erde zwischen den beiden Enden des Tieres der Rest des Skeletts befindet?«

»Daran kann es nicht den geringsten Zweifel geben«, antwortete Hopkins mit Nachdruck. »Nach den Knochenfragmenten zu urteilen, die wir ausgegraben haben, muss dieses Tier gigantische Ausmaße besitzen und wird die Größe des früher im Tal des Ohio gefundenen berühmten Mastodons bei Weitem übertreffen.«

»Glauben Sie?«, fragte ein gewisser Mr. Cornut, eine Art Naturwissenschaftler, der die Wissenschaft betrieb wie seine Landsleute den Handel.

»Ich bin sicher«, antwortete Hopkins. »Von seiner Struktur her gehört das Monster offensichtlich zur Ordnung der Pachydermen[1], denn es besitzt alle Eigenschaften, die von Mr. von Humboldt so genau beschrieben worden sind.«

»Welch ein Unglück«, rief ich aus, »dass man es nicht ganz ausgraben kann.«

»Und wer hindert uns daran?«, fragte Mr. Cornut lebhaft.

»Aber diese neuen Gebäude …«

Kaum hatte ich diese mir völlig richtig erscheinende Äuße-

---

[1] Pachyderme, zu Deutsch: Dickhäuter; Das Wort setzt sich aus den griechischen Wörtern παχύς (pachys) (»dick«) und δέρμα (derma) (»Haut«) zusammen und steht als Sammelbegriff für Elefanten, Nashörner, Flusspferde, Tapire und Schweine. Im Zusammenhang der vorliegenden Erzählung dürften aber in erster Linie ausgestorbene Dickhäuter wie Mastdon oder Merycochoerus gemeint sein.

Scheinwerfer projezierten Skelette.

rung getan, wurde ich von allen Seiten herablassend belächelt. Es erschien diesen mutigen Geschäftsleuten ganz einfach, alles niederzureißen – nicht nur die Gebäude – um einen Bewohner des Pleistozäns auszugraben. Niemand war also erstaunt, Hopkins sagen zu hören, dass er schon diesbezüglich Anweisungen gegeben hätte. Jeder gratulierte ihm von ganzem Herzen und fand, dass der Zufall zurecht die unternehmungslustigen und verwegenen Männer begünstigte. Ich für meinen Teil beglückwünschte ihn aufrichtig und verpflichtete mich, als einer der ersten seine großartige Entdeckung zu besichtigen. Ich versprach ihm sogar, mich zum *Exhibition Parc* zu begeben, eine bereits öffentlich verbreitete Bezeichnung, aber er bat mich zu warten, bis die Ausgrabungen vollständig beendet seien, da man die Größe des Fossils noch nicht beurteilen könne.

Vier Tage später gab der *New York Herald* neue Details über das riesenhafte Skelett bekannt. Es waren weder die Knochen eines Mammuts oder eines Mastodons, noch die eines Pterodaktylus oder eines Plesiosauriers, denn alle seltsamen Namen der Paläontologie trafen nachgewiesenermaßen nicht zu. Alle oben erwähnten Trümmer gehörten zur dritten, eher zur zweiten geologischen Epoche, während die von Hopkins geführten Ausgrabungen bis in die primitiven Schichten der Erdrinde, in der bisher keine Fossilien gefunden worden waren, vorstießen. Diese internen Erkenntnisse der Wissenschaft, von denen die Geschäftsleute der Vereinigten Staaten nicht viel verstanden, hatten eine beträchtliche Wirkung. Was sollte man nun anderes schlussfolgern, als dass das Monster weder Molluske noch Pachyderme, Nagetier, Wiederkäuer, Fleischfresser oder amphibisches Säugetier war, sondern ein Mensch? Und dieser Mensch ein Riese von mehr als vierzig Metern Höhe? Man konnte also die Existenz einer riesenhaften Rasse, die vor der unsrigen lebte, nicht mehr negieren. Falls die Tatsache der Wahrheit entsprach und alle sie als solche akzeptierten, mussten die bestehenden geologischen Theorien berichtigt werden, denn, sobald man unterhalb der Ablagerungen aus dem Pleistozän Fossile findet, beweist dies, dass sie auch in einer dem Pleistozän vorangegangenen Epoche eingeschlossen wurden.

Der Artikel aus dem *New York Herald* sorgte für eine enorme Sensation. Der Text erschien in allen amerikanischen Zeitungen. Dieses Thema stand überall auf der Tagesordnung und die hübschesten Münder der Neuen Welt sprachen die widerspenstigsten wissenschaftlichen Fachbegriffe aus. Heiße Debatten wurden geführt. Man rechnete sich von der Entdeckung die achtbarsten Konsequenzen für den geweihten amerikanischen Grund und Boden aus, dem man nun anstelle von Asien zuschrieb, die Wiege der Menschheit zu sein. Im Kongress der

Akademien wies man ernsthaft nach, dass Amerika von den ersten Tagen des Bestehens der Erde bewohnt und Ausgangspunkt zunehmender Völkerwanderungen gewesen sei. Der Neue Kontinent machte der Alten Welt die Ehren der Antike streitig. Voluminöse, von patriotischem Ehrgeiz inspirierte Abhandlungen wurden über diese ernste Frage geschrieben. Schließlich bewies eine Versammlung von Gelehrten, deren Gesprächsprotokoll in allen Organen der amerikanischen Presse veröffentlicht und kommentiert wurde, glasklar, dass das irdische Paradies von Pennsylvania, Virginia und dem Eriesee begrenzt gewesen war und früher die aktuelle Fläche des Bundesstaates Ohio eingenommen hatte.

Ich gebe zu, dass mich alle diese Träumereien ausnehmend stark in ihren Bann zogen. Ich sah Adam und Eva blutrünstige Tierherden befehligen, die, im Gegensatz zu den Ufern des Euphrat, wo man von ihnen nicht die geringste Spur fand, in Amerika nun keine Fiktion mehr waren. Die Schlange der Versuchung nahm in meinen Gedanken die Form einer Boa Constrictor oder einer Klapperschlange an. Aber was mich am meisten verblüffte, war, dass man dieser Entdeckung mit einer Gehorsamkeit und wunderbaren Nachlässigkeit glaubte. Niemandem kam die Idee, dass das berühmte Skelett ein Bluff, ein Schwindel oder ein Humbug, wie es die Amerikaner nannten, sein könnte. Und nicht einer dieser so enthusiastischen Gelehrten dachte auch nur einen Augenblick daran, sich das Wunder, das die Gemüter so in Wallung brachte, mit eigenen Augen anzusehen. Ich teilte diese Auffassung Mrs. Melvil mit.

»Wozu sich daran stören«, sagte sie mir. »Wir werden unser liebes Monster schon zu gegebener Zeit sehen. Was seine Struktur und sein Aussehen angeht, kennen wir beides, denn in ganz Amerika kann man keinen Schritt mehr gehen, ohne es in den erfinderischsten Formen dargestellt zu bekommen.«

Und da wurde das Spekulationsgenie schließlich offenkundig. So sehr Augustus Hopkins sich reserviert gezeigt hatte, als es um die Lancierung seiner Ausstellung ging, so sehr entfaltete er Inbrunst und Erfindungsgeist, um seinen Landsleuten sein rätselhaftes Skelett schmackhaft zu machen. Überdies war ihm alles erlaubt, seitdem seine Wunderlichkeiten die ganze öffentliche Aufmerksamkeit auf sich gezogen hatten.

Bald waren die Mauern der Stadt übersät von gewaltigen Farbplakaten, welche das Monster unter verschiedensten Aspekten zeigten. Hopkins schöpfte alle bekannten Möglichkeiten der Plakatkunst aus. Er benutzte die auffälligsten Farben. Er beklebte mit diesen Plakaten die Häuserwände, die Kaimauern und die Bäume der Promenaden. Auf den einen waren die Linien diagonal gezogen, auf den anderen stand die Reklame in monströsen, mit der Bürste aufgetragenen Buchstaben, welche die Aufmerksamkeit der Passanten erzwangen. Menschen in Hemden und Mänteln, auf denen das Skelett appliziert war, gingen in den Straßen spazieren. Am Abend projizierten Scheinwerfer die schwarzen Umrisse des Skeletts auf immense Transparente.

Hopkins gab sich aber nicht mit den in Amerika gebräuchlichen Werbemethoden zufrieden. Die Plakate und die jeweils vierte Seite der Zeitungen reichten ihm nicht mehr. Er führte einen regelrechten Unterricht in »Skelettologie« durch, zu dem er die Cuviers, Blumenbachs, Backlands, Links, Stembergs, Brognarts und hundert andere, die über Paläontologie geschrieben hatten, einlud. Seine Unterrichtsveranstaltungen wurden verfolgt und beklatscht, bis zu dem Moment, als zwei Personen an der Tür den Erstickungstod fanden.

Es versteht sich von selbst, dass Meister Hopkins ihnen ein wunderschönes Begräbnis zuteilwerden ließ und dass das Banner des Totengefolges die unvermeidlichen Formen des Fossils schmückten.

Alle diese Methoden waren ausgezeichnet für Albany und seine Umgebung selbst, aber es galt, das Geschäft in ganz Amerika anzukurbeln. Mr. Lumley[1] in England beispielsweise schlug den Seifenhändlern in der Anfangszeit von Jenny Linds Karriere vor, Gussformen mit dem eingeprägten Bildnis der il-

[1] Benjamin Lumley (1811–1875), Direktor des Londoner Opernhauses *Her Majesty's Theatre.*

lustren Sängerin zu liefern. Dies wurde akzeptiert und führte zu einem ausgezeichneten Resultat, denn man wusch sich fortan die Hände mit den Gesichtszügen der berühmten Künstlerin. Hopkins bediente sich der gleichen Methode. Infolge der mit den Fabrikanten abgeschlossenen Verträge boten die Kleiderstoffe dem guten Geschmack des Käufers das Bild des prähistorischen Wesens dar. Die Hüte wurden mit dem Skelettmotiv neu gefüttert. Das setzte sich fort bis hin zu den Tellern, die die Spuren des berauschenden Phänomens zeigten etc. Es war unmöglich, es zu verhindern: Zog man sich an, kämmte man sich, speiste man, immer befand man sich in interessanter Gesellschaft.

Der Effekt dieser Hochdruckwerbung war immens. Als die Zeitungen, die Trommeln, die Trompeten und die Gewehrsalven ankündigten, dass das Wunder demnächst dem Publikum zwecks Bewunderung vorgestellt würde, gab es ein großes Hurra. Von da an begann man, einen riesigen Saal vorzubereiten, um, wie die Reklame versprach, »nicht nur die begeisterten, zahllosen Besucher zu fassen, sondern auch das Skelett eines dieser Riesen, die laut Legende den Himmel erklimmen wollten«.

Ich musste Albany in einigen Tagen verlassen und bedauerte sehr, den Aufenthalt nicht wenigstens um die Zeitspanne verlängern zu können, die es mir ermöglicht hätte, bei der Eröffnung dieses außergewöhnlichen Spektakels dabei zu sein. Um nicht abreisen zu müssen, ohne immerhin etwas gesehen zu haben, beschloss ich, heimlich in den *Exhibition Parc* zu gehen.

Also begab ich mich eines Morgens, mein Gewehr geschultert, dorthin. Ich marschierte ungefähr drei Stunden gen Norden, ohne dass ich eine präzise Auskunft hinsichtlich der Lage meines Ziels bekommen hätte. So lief ich denn in Richtung des alten Fort Williams und kam nach fünf oder sechs Meilen Fußweg ebendort an. Ich befand mich inmitten einer gewaltigen Ebene, die nur wenige Spuren einer Bautätigkeit jüngeren Datums aufwies. Ein beträchtliches Gebiet war von einem Holzzaun hermetisch abgeriegelt. Ich wusste nicht, ob jener das Gelände der Ausstellung begrenzte, was mir dann aber von einem Trapper bestätigt wurde, den ich in der Gegend traf und der in Richtung Kanada unterwegs war.

»Das ist genau hier«, sagte er, »aber ich weiß nicht, was hier läuft, denn heute Morgen hörte ich etliche Karabinerschüsse.«

Ich dankte ihm und setzte meine Nachforschungen fort.

Von außen sah ich nicht die geringsten Spuren von Bauarbeiten. Absolute Stille herrschte auf dieser unwirtlichen Ebene, der die gigantischen Konstruktionen Leben und Bewegung einhauchen sollten.

Da ich, um meine Neugier zu befriedigen, in das umzäunte Terrain eindringen musste, beschloss ich, es zunächst zu umrunden und einen möglichen Zugang zu finden. Ich ging lange, ohne so etwas wie eine Tür zu entdecken. Ziemlich enttäuscht gelangte ich an einen Spalt, ein einfaches Loch, an das ich mein Auge hielt, als ich in einem Winkel der Umzäunung Bretter und umgestürzte Pfeiler bemerkte.

Ich zögerte nicht, die Barriere zu überwinden. Ich betrat also ein wüstes Terrain. Losgesprengte Felsquader lagen herum. Erdhügel bedeckten den Boden und sahen aus wie Wellen auf dem stürmischen Meer. Ich kam an den Rand einer tiefen Grube, auf deren Grund sich eine Menge Knochen türmten.

Vor meinen Augen befand sich also das Objekt der Begierde, der Gegenstand von derart viel Reklame. Was ich hier sah, hatte ganz und gar nichts Ungewöhnliches an sich. Es war eine Anhäufung aller möglichen, in tausend Stücke zerbrochenen Knochenfragmente. Die Zerstörung einiger von ihnen schien jüngeren Datums zu sein. Ich erkannte keineswegs die wichtigsten Teile des menschlichen Skeletts, die entsprechend der Ankündigungen monströse Dimensionen haben müssten. Ohne viel Fantasie zu haben, konnte man sich hier an einen Holzkohlemeiler versetzt fühlen, das war alles.

Ich war sehr verwirrt, wie man sich denken kann, und glaubte mich selbst schon Opfer eines Irrtums, als ich an einer von Fußspuren stark durchwühlten Böschung einige Blutstropfen entdeckte. Indem ich den Spuren folgte, gelangte ich an die

Öffnung, wo mich neue Blutstropfen, die ich vorher nicht gesehen hatte, in Schrecken versetzten. Neben den Flecken lag ein von Schießpulver geschwärztes Stück Papier, das meine Aufmerksamkeit auf sich zog. All das passte zu dem, was mir der Trapper erzählt hatte.

Ich sammelte die Papierfragmente ein. Nicht ohne Mühe entzifferte ich einige der Worte. Es handelte sich um eine Lieferquittung eines gewissen Mr. Barckley, ausgestellt an Mr. Hopkins. Nichts ließ auf die Art des gelieferten Objekts schließen, aber neue hier und da gefundene Teile brachten Erkenntnis. Wenn auch meine Enttäuschung groß war, so konnte ich doch ein Lachen nicht unterdrücken. Ich befand mich sehr wohl in Gegenwart des angeblichen Riesen und seines Skeletts, jedoch eines Skeletts, das sich aus Teilen von Tieren zusammensetzte, die früher unter den Namen Büffel, Färse, Kuh, Ochse in den Weiten Kentuckys gelebt hatten. Mr. Barckley war lediglich ein Fleischer aus New York, der dem berühmten Mr. Hopkins eine gewaltige Menge Knochen geliefert hatte. Diese Fossilien dort hatten bestimmt niemals Pelion auf den Berg Ossa aufgetürmt, um auf den Olymp zu klettern[1]. Ihre Reste befanden sich an diesem Ort nur aufgrund der Bemühungen eines illustren Schwindlers, der damit rechnete, sie zufällig zu entdecken, wenn er die Fundamente von Palästen aushob, die es niemals geben sollte.

An diesem Punkt meiner Überlegungen angekommen hätte ich sogar lauthals gelacht, wenn ich nicht genau wie meine Gastgeber Opfer dieses unglaublichen Schwindels gewesen wäre. Da erklangen von draußen frohe Schreie.

Ich rannte zu dem Spalt und sah Augustus Hopkins, der wiederum mit einem Karabiner in der Hand angelaufen kam und große Freude bekundete. Ich ging zu ihm. Er schien keineswegs beunruhigt, mich am Schauplatz seiner Heldentaten zu sehen.

---

[1] Bei der Erstürmung des Olymp stülpten die Aloiden (in der griechischen Mythologie zwei Riesen) den Pilion (auch Pelion genannt) auf den Berg Ossa; Pelion ist ein Gebirgszug in Mittelgriechenland.

»Sieg! … Sieg!«, schrie er.

Die zwei Schwarzen marschierten ein wenig hinter ihm. Was mich betraf, so hatte mich die Erfahrung gelehrt, auf der Hut zu sein, da ich annahm, dass dieser waghalsige Spaßvogel mich überrumpeln wolle.

»Ich bin glücklich, einen Zeugen dafür zu haben, was mir passiert ist. Sie sehen vor sich einen Mann, der von der Tigerjagd zurückkommt«, sagte er.

»Von der Tigerjagd?!«

Ich wiederholte seine Worte, entschlossen, ihm nicht ein Wort zu glauben.

»Auf den roten Tiger«, fügte er hinzu, »auch Puma genannt, der sich des Rufes erfreut, sehr grausam zu sein. Dieser Teufel brach in meine Umzäunung ein, wie Sie sehen. Er hat die Barrieren durchbrochen, die bisher der allgemeinen Neugier standgehalten hatten, und zerfetzte mein herrliches Skelett. Sobald ich davon erfuhr, zögerte ich nicht, ihn auf Leben und Tod zu jagen. Drei Meilen von hier traf ich auf ihn; ich sah ihn an; er fixierte mich mit seinen furchterregenden Augen. Er stürzte sich mit einem Sprung auf mich, den er nur deshalb nicht vollenden konnte, weil ich ihm eine Kugel in die Schulter verpasst hatte. Das war der erste Gewehrschuss meines Lebens. Aber tausend Teufel! Die Beute wird mir alle Ehre machen und ich würde sie nicht für eine Milliarde Dollar hergeben.«

›Hier sind die Millionen, die kommen werden‹, dachte ich.

In diesem Moment tauchten die zwei Schwarzen mit dem Kadaver eines großen roten Tigers auf, eines Tieres, das fast unbekannt ist in diesem Teil Amerikas. Sein Fell war von einem gleichmäßigen Lederbraun, seine Ohren genau wie die Schwanzspitze schwarz. Ich wollte gar nicht wissen, ob Hopkins ihn wirklich selbst erlegt oder ihn sich passenderweise von irgendeinem Barcklay tot und in Stroh verpackt hatte liefern lassen, denn ich war zu überrascht von seinem Gleichmut, mit dem er über das Skelett sprach. Schließlich war klar, dass ihn diese Geschichte mehr als hunderttausend Francs kosten würde.

Ich wollte ihm nicht mitteilen, dass der Zufall mir das Ge-

»Sieg!«, schrie er.

heimnis seiner Schwindeleien enthüllt hatte – er wäre imstande, es mir heimzuzahlen –, ich fragte ihn nur, wie er aus dieser Sackgasse herauskommen wolle.

»Du meine Güte! Von welcher Sackgasse sprechen Sie?«, antwortete er. »Was auch immer ich jetzt mache, ich werde Erfolg haben. Eine Bestie hat das wunderbare Fossil zerstört, das von allen wegen seiner Einmaligkeit vergöttert wird, aber mein Prestige, meinen Einfluss hat sie nicht zerstört. Und meine Position als berühmter Mann kommt mir zugute.«

»Aber wie ziehen Sie sich gegenüber dem begeisterten und ungeduldigen Publikum aus der Affäre?«, fragte ich ernst.

»Indem ich ihm die Wahrheit sage, nichts als die Wahrheit.«

»Die Wahrheit?!«, rief ich aus und fragte mich, was er wohl unter diesem Wort verstehen mochte.

»Zweifellos«, erklärte er absolut ruhig. »Ist es etwa nicht wahr, dass dieses Tier in meine Umzäunung eingebrochen ist? Ist es etwa nicht wahr, dass es die herrlichen Knochen, die ich mit so viel Mühe ausgegraben habe, zerstörte? Ist es etwa nicht wahr, dass ich es verfolgt und erlegt habe?«

›Das sind‹, dachte ich, ›eine Menge Dinge, die ich nicht beschwören möchte.‹

»Das Publikum«, fuhr er fort, »kann keine Ansprüche darüber hinaus erheben, weil es die ganze Geschichte kennt. Dazu erlange ich den Ruf, mutig zu sein. Was will ich mehr? Berühmt auf der ganzen Linie.«

»Aber was bringt Ihnen denn dieses Berühmtsein?«

»Reichtum, wenn ich es gut ausspiele. Einem bekannten Mann ist alles gestattet. Er kann alles wagen, alles unternehmen. Wenn Washington nach der Kapitulation von York Town zweiköpfige Kälber hätte zeigen wollen, hätte er gewiss eine Menge Geld verdient.«

»Das ist möglich«, antwortete ich ernsthaft.

»Das ist gewiss«, wiederholte Augustus Hopkins. »Ich bin lediglich unsicher bezüglich der Wahl der zu zeigenden, zu vermarktenden Objekte.«

»Ja, die Wahl ist schwierig«, sagte ich. »Tenöre sind aus der Mode, Tänzerinnen haben ihre besten Zeiten hinter sich. Die Siamesischen Zwillinge haben gelebt und die Robben bleiben stumm, trotz der hervorragenden Professoren, die sie auszubilden versuchten.«

»Ich kümmere mich nicht um derartige Wunder. Wie unmodern, heruntergekommen, tot und stumm Robben, Siamesen, Tänzerinnen und Tenöre auch sein mögen, sie sind immer noch zu gut für einen Mann wie mich, der so viel von sich hält. Zu gering die Herausforderung … Ich hoffe doch, das Glück zu haben, Sie in Paris zu treffen, mein werter Herr.«

»Gedenken Sie, in Paris das wertlose Objekt zu finden, das

erst aufgrund Ihres Verdienstes zu herrlicher Geltung kommen soll?«, fragte ich ihn.

»Vielleicht«, antwortete er, »wenn ich auf irgendeine Hausmeisterstochter treffe, die ohne mich nie an einem Konservatorium angenommen worden wäre, mache ich sie zur größten Sängerin der beiden Amerikas.«

Mit diesen Worten verabschiedeten wir uns und ich ging zurück nach Albany. Am selben Tag noch kam die schreckliche Neuigkeit ans Licht. Hopkins betrachtete man als ruinierten Mann. Beträchtliche Vorbestellungen erschlossen sich zu seinen Gunsten. Jeder begab sich zum *Exhibition Parc*, um sich ein Bild von den Ausmaßen des Desasters zu machen, was dem Spekulanten nicht wenig Geld einbrachte. Zu einem exorbitanten Preis verkaufte er das Fell des Pumas, der ihn ruiniert hatte, und bewahrte seinen Ruf als geschäftstüchtigster Mann der Neuen Welt.

Ich für meinen Teil fuhr nach New York zurück, anschließend nach Frankreich, die reichen Vereinigten Staaten ohne das Wissen um einen weiteren großartigen Schwindel zurücklassend. Aber es gibt ihrer ja ohnehin zahllose. Ich nahm die Erkenntnis mit, dass die Zukunft eines jeden Künstlers ohne Talent, eines Sängers ohne Stimme, eines Springers ohne Seil wirklich schrecklich wäre, wenn Christoph Kolumbus Amerika nicht entdeckt hätte.

Das Schicksal des Jean Morénas

Erstes Kapitel

An diesem Tag – gegen Ende September, seitdem ist viel Zeit vergangen – hielt eine reiche Equipage vor dem Stadthaus des Vizeadmirals, das den Place de Toulon beherrschte. Ein Mann von etwa vierzig Jahren, vierschrötig und von ziemlich vulgärem Auftreten, stieg aus und ließ dem Vizeadmiral neben seiner Karte auch Empfehlungsschreiben übergeben, welche mit illustren Namen signiert waren und ihm sofort die gewünschte Audienz gewähren würden.

»Habe ich die Ehre, mit Monsieur Bernadon, dem berühmten Marseiller Reeder, zu sprechen?«, fragte der Vizeadmiral, als sein Besucher hereingeführt wurde.

»Mit ebendiesem«, antwortete er.

»Möchten Sie nicht Platz nehmen?«, fuhr der Vizeadmiral fort. »Ich werde für Sie tun, was ich kann.«

»Ich danke Ihnen, Admiral«, antwortete Monsieur Bernadon, »aber ich glaube nicht, dass es Ihnen schwerfallen wird, das Anliegen, das ich Ihnen vortragen möchte, positiv zu beantworten.«

»Worum handelt es sich?«

»Lediglich um die Erlaubnis, das Zuchthaus besichtigen zu dürfen.«

»In der Tat keinerlei Problem«, bestätigte der Vizeadmiral. »Und Sie hätten sich nicht einmal die Mühe machen müssen, alle diese Empfehlungsschreiben zu besorgen. Ein Mann Ihres Namens bedarf keiner Ausweispapiere.«

Monsieur Bernadon verbeugte sich, brachte nochmals seine Dankbarkeit zum Ausdruck und bat um die auszufüllenden Formulare.

»Es gibt keine«, erhielt er als Antwort. »Übergeben Sie dem Generalmajor diese Worte von mir und er wird Ihnen sofort alles gewähren.«

Monsieur Bernadon verabschiedete sich und ließ sich zum Generalmajor führen. Er erhielt auch sogleich Zutritt zum Arsenal. Die Ordonnanz führte ihn zum Vorsteher des Gefängnisses, welcher ihm seine Begleitung anbot.

Der Marseiller dankte herzlich, schlug aber das Angebot aus und tat kund, dass er allein sein wolle.

»Wie Sie wünschen«, sagte der Vorsteher.

»Gibt es keine Einschränkungen, wenn ich mich frei im Gefängnis bewege?«

»Keine.«

»Und auch keine, wenn ich mit den Gefangenen rede?«

»Ebenfalls nicht. Die Adjutanten sind informiert und werden Ihnen keine Probleme machen. Erlauben Sie hingegen zu fragen, mit welcher Absicht Sie diesen wenig erfreulichen Besuch machen.«

»Mit welcher Absicht …?«

»Ja. Ist es pure Neugier oder verfolgen Sie ein anderes Ziel … ein menschenfreundliches, zum Beispiel?«

»Menschenfreundlich, genau«, erwiderte Monsieur Bernadon lebhaft.

»Wunderbar. Wir sind an diese Art Besuche gewöhnt. Man behandelt sie sehr wohlwollend an allerhöchster Stelle, da die Regierung stets daran interessiert ist, Verbesserungen in der Führung der Strafkolonien durchzusetzen. Viele sind schon verwirklicht worden.«

Monsieur Bernadon stimmte, ohne zu antworten, mit einer typisch männlichen Geste zu, die besagte, dass derartige Anschauungen ihn normalerweise nicht interessierten, aber der Kommissar, ganz erfüllt von seinem Thema und die Gelegenheit zu Grundsatzerklärungen nutzend, bemerkte dessen Andeutung nicht und fuhr unermüdlich fort:

»Ein gerechtes Strafmaß ist schwer zu wahren bei ähnlichen Strafsachen. Wenn man auch die Strenge des Gesetzes nicht übertreiben soll, ist es besser, sich in acht zu nehmen vor sentimentalen Kritiken, die angesichts der Strafe das Verbrechen vergessen. Alles in allem verlieren wir hier nie aus den Augen, dass Gerechtigkeit gemäßigt sein muss.«

»Derartige Gefühle ehren Sie«, antwortete Monsieur Bernadon, »und wenn Sie Interesse an meinen Ausführungen haben, werde ich Ihnen mit Vergnügen von jenen berichten, zu denen mich der Besuch des Zuchthauses angeregt haben wird.«

Die zwei Gesprächspartner trennten sich und der Marseiller ging, ausgerüstet mit einem ordentlichen Genehmigungsschein, in Richtung Gefängnis. Der Militärhafen von Toulon bestand hauptsächlich aus zwei riesigen Polygonen, die im Norden an den Kai stoßen. Das eine mit Namen Darse Neuve[1] lag westlich vom anderen, das Darse Vieille[2] hieß. Die Peripherie dieser Beckenmauern, wahrhafter Verlängerungen der Stadtbefestigung, war von breiten Dämmen gekennzeichnet, die lange Gebäude, Maschinenwerkstätten, Kasernen und Marinemagazine zu tragen hatten. Jedes dieser Hafenbecken, die es heute noch gibt, hat im südlichen Teil eine ausreichend gro-

[1] Neues Hafenbecken

[2] Altes Hafenbecken

Die Ordonnanz führte ihn.

ße Öffnung, um Hochseeschiffe durchzulassen. Sie hätten auch gut als Flutbassins dienen können, wenn nicht die Konstanz des Wasserstandes des Mittelmeers, das kaum Gezeiten kennt, ihre Schließung unnötig machte.

Zum Zeitpunkt der erzählten Ereignisse war das Darse Neuve im Westen von Magazinen sowie dem Parc d'Artillerie[1] und im Süden, rechts der Öffnung, die auf die kleine Reede stößt, von den heute abgerissenen Straflagern begrenzt. Jene umfass-

[1] Artillerie-Park

ten zwei rechtwinklig zueinanderstehende Gebäude. Das erste, vor den Maschinenwerkstätten, lag nach Süden, das zweite hatte Sicht auf das Darse Vieille und ging in die Kasernen und das Krankenhaus über. Unabhängig von diesen Bauten existierten drei schwimmende Lager, in denen die Gefangenen auf Zeit untergebracht waren, während die lebenslänglich Verurteilten auf sicherem Grund saßen. Wenn es einen Ort auf der Welt gibt, an dem es keine Gerechtigkeit geben darf, dann ist das sicherlich das Zuchthaus. In Zusammenhang mit der Schwere des Delikts und dem Grad der seelischen Perversion sollte die Abstufung der Strafen auch den Rang und den Stand unterschiedlich berücksichtigen. Aber weit gefehlt. Die Gefangenen jedes Alters und jeder Herkunft sind schändlich miteinander vermischt. Aus diesem beklagenswerten Zusammenleben kann nur eine hässliche Korruption erwachsen und die Ansteckung mit dem Bösen verwüstet die verderbten Massen.

Zu dem Zeitpunkt, an dem die Geschichte ihren Anfang nimmt, verwahrte das Zuchthaus von Toulon 4000 Sträflinge. Die Direktion des Hafens, der Schiffswerften, der Artillerie, des Generalmagazins, der hydraulischen Konstruktionen und der zivilen Bauten beschäftigen dreitausend davon. Ihnen waren die schwersten und mühseligsten Arbeiten vorbehalten. Jene, die keinen Platz in den fünf großen Abteilungen finden konnten, wurden im Hafen, beim Ballastaufnehmen und -abladen, zum Schiffstreideln, zum Entsorgen von Schlamm und Kot sowie zum Auf- und Abladen von Munition und Lebensmitteln eingesetzt. Andere waren Krankenpfleger, spezielle Angestellte oder verurteilt zur Doppelkette für den Fall eines Fluchtversuchs.

Seit ziemlich langer Zeit und auch während des Besuchs von Monsieur Bernadon hatte man keinen Zwischenfall dieser Art registriert, und seit einigen Monaten war die Alarmkanone im Hafen von Toulon nicht zu hören gewesen.

Nicht etwa, dass die eifrige Liebe zur Freiheit sich abgeschwächt hätte in den Herzen der Verurteilten, aber die Mutlosigkeit schien ihre Ketten schwerer gemacht zu haben. Einige des Leichtsinns und des Verrats überführte Wärter waren von der Galeere entlassen worden, und eine Art Ehrenkodex führte zu einer ernsthafteren und sorgfältigeren Überwachung der anderen. Der Kommandant des Zuchthauses gratulierte sich zu diesem Ergebnis, ohne sich deshalb in trügerischer Sicherheit zu wiegen, da in Toulon Ausbrüche häufiger und leichter waren als in allen anderen Häfen.

Es schlug halb eins auf der Turmuhr des Zeughauses, als Monsieur Bernadon auf dem äußersten Punkt des Darse Neuve ankam. Der Kai war menschenleer. Eine halbe Stunde zuvor hatte die Glocke die seit dem Morgengrauen arbeitenden Sträflinge in ihr jeweiliges Gefängnis zurückgerufen. Jedem von ihnen war nun seine Ration ausgeteilt worden. Die dauerhaft Verurteilten hatten sich wieder auf ihrer Bank eingefunden und ein Wärter hatte sie sogleich in Ketten gelegt, während sich die Verurteilten auf Zeit frei im gesamten Saal bewegen konnten. Beim Pfeifenklang des Adjutanten hatten sie sich über ihre Schüsseln gebeugt, die das ganze Jahr eine Suppe aus getrockneten Bohnen enthielten.

Die Arbeiten würden um ein Uhr wieder aufgenommen werden und erst um acht Uhr abends beendet sein. Dann würde man die Sträflinge zurück in ihre Unterkünfte bringen, wo es ihnen während einiger Stunden Schlaf möglich sein würde, ihr Schicksal zu vergessen.

Zweites Kapitel

Monsieur Bernadon nutzte die Abwesenheit der Gefangenen, um die Anlage des Hafens untersuchen zu können. Man darf davon ausgehen, dass das Spektakel selbst ihn nur mäßig interessierte, denn er wusste es ziemlich schnell einzurichten, sich in der Nähe eines jungen Adjutanten zu befinden, den er ohne Umschweife fragte:

»Mein Herr, um welche Zeit kehren die Gefangenen in den Hafen zurück?«

»Um ein Uhr«, antwortete der Adjutant.

»Sind sie alle zusammen und verrichten alle ohne jeden Unterschied dieselben Arbeiten?«

»Nein. Einige sind in besonderen Betrieben unter der Führung von Vorarbeitern eingestellt. In den Schlossereien, den Seilereien, den Gießereien, die spezielle Kenntnisse verlangen, finden sich hervorragende Arbeiter.«

»Verdienen sie dort ihren Lebensunterhalt?«

»Manche.«

»Inwiefern?«

»Das kommt darauf an. Zurzeit bringt ihnen ein Tag fünf bis zwanzig Centimes ein. Bei Akkord können es dreißig werden.«

»Haben sie die Möglichkeit, dieses Geld zur Verbesserung ihres Lebens hier zu verwenden?«

»Ja«, antwortete der Adjutant, »sie können Tabak kaufen, denn trotz gegenteiliger Regeln toleriert man, dass sie rauchen. Für einige Centimes erhalten sie auch etwas Ragout oder Gemüse.«

»Haben die Lebenslänglichen und Zeitgefangenen den gleichen Lohn?«

»Nein, die Letztgenannten bekommen ein Drittel mehr, das einbehalten und ihnen bei Entlassung ausgehändigt wird, damit sie in Freiheit nicht in völliger Armut dastehen.«

»Ah«, machte Monsieur Bernadon lediglich und schien in Gedanken verloren.

»Wirklich«, ergriff der Adjutant wieder das Wort, »sie sind nicht schlecht dran. Wenn sie nicht durch Ausbruchsversuche oder eigene Fehler die Haftbedingungen verschärfen würden, ginge es ihnen besser als manchen Arbeitern in den Städten.«

»Die Verlängerung der Haftstrafe«, fragte der Marseiller, dessen Stimme ein wenig verändert schien, »ist nicht die einzige Bestrafung, die ihnen im Fall eines Fluchtversuchs droht?«

»Nein, sie können auch durch Prügel oder doppelte Ketten bestraft werden.«

»Prügel? …«, fragte Monsieur Bernadon.

»Die aus fünfzehn bis sechzig Schlägen auf die Schulter bestehen, je nach Schwere des Vergehens, und mit einem geteerten Seil verabreicht werden.«

»Und zweifellos ist jegliche Flucht für einen Gefangenen in doppelten Ketten unmöglich?«

»Ziemlich«, führte der Adjutant aus. »Die Sträflinge sind am Fuß ihrer Bank angekettet und gehen niemals hinaus. Unter diesen Umständen ist eine Flucht nicht so leicht.«

»Sicher gelingt ihnen die Flucht am ehesten während der Arbeit?«

»Zweifellos. Die Paare, die von einem Aufseher bewacht werden, haben eine gewisse durch die Arbeit erzwungene Bewegungsfreiheit. Die Geschicklichkeit dieser Leute ist so groß, dass trotz aktiver Überwachung die stärkste Kette in weniger als fünf Minuten durchtrennt ist. Wenn die im mobilen Bolzen vernietete Konstruktion zu hart ist, behalten sie den Ring, der ihr Bein umschließt, und zerbrechen das erste Kettenglied ihrer Kette. Viele Sträflinge, die in den Schlossereiwerkstätten arbeiten, finden dort leicht das nötige Werkzeug. Oft genügt ihnen die Zinnplakette, die ihre Nummer trägt. Wenn sie in den Besitz einer Uhrfeder gelangen, wird die Alarmkanone abgefeuert. Sie sehen, sie haben tausend Möglichkeiten, und ein Gefangener hat nicht weniger als 22 dieser Geheimnisse verkauft, um einer Züchtigung zu entgehen.«

»Aber wo können sie ihre Instrumente verstecken?«

»Überall und nirgends. Ein Gefangener hat sich Schlitze in die Achselhöhlen gemacht und ließ kleine Stahlstücke zwischen Haut und Fleisch gleiten. Letzthin konfiszierte ich bei einem Sträfling einen Strohkorb, in dessen Fasern sich unbemerkt Feilen und Sägen befanden. Nichts ist unmöglich, mein Herr, wenn jemand seine Freiheit wiedererlangen will.«

In diesem Moment schlug es ein Uhr. Der Adjutant grüßte Monsieur Bernadon und begab sich zurück auf seinen Posten.

Die Gefangenen verließen also ihr Gefängnis, die einen allein, die anderen zu zweit aneinandergekettet, unter der Aufsicht der Wächter. Bald war der Hafen erfüllt vom Lärm der

Stimmen, der Eisenschläge und den Drohungen der Aufseher.

Im Parc d'Artilleries, wohin es ihn zufällig verschlug, fand Monsieur Bernadon den Aushang des Strafenkatalogs des Straflagers.

- Über jeden Gefangenen, der einen Aufseher schlägt, der seinen Mitgefangenen tötet, der revoltiert oder eine Revolte anzettelt, wird die Todesstrafe verhängt.
- Der auf Lebenszeit Verurteilte, der einen Ausbruchsversuch startet, wird mit drei Jahren doppelter Kette bestraft.
- Ein Gefangener auf Zeit, der das gleiche Verbrechen begeht, wird mit drei Jahren Haftverlängerung bestraft.
- Der Diebstahl von mehr als fünf Francs wird mit einer vom Gericht zu bestimmenden Haftverlängerung geahndet.
- Mit Züchtigung wird bestraft, wer seine Eisen zerbricht, wer irgendein Ausbruchsgerät benutzt, bei dem Verkleidungen gefunden werden, wer eine Summe unter fünf Francs stiehlt, wer sich betrinkt, wer Glücksspiel betreibt, wer auf dem Hafengelände raucht, wer seine Kleidung verkauft oder beschädigt, wer ohne Erlaubnis schreibt, bei wem mehr als zehn Francs gefunden werden, wer seinen Kameraden schlägt, wer sich weigert zu arbeiten oder wer dem Gefängnispersonal widerspricht.

Nachdem er gelesen hatte, blieb der Marseiller nachdenklich stehen. Er wurde durch die Ankunft einer Gruppe Sträflinge aus seinen Gedanken gerissen. Im Hafen war die Arbeit in vollem Gange. Die Vorarbeiter schrien herum mit ihren rauen Stimmen:

»Zehn Paare für Saint-Mandrier!«

»Zehn Socken für die Seilerei!«

»Fünf Paare zu den Masten!«

»Eine Verstärkung von sechs Roten zum Bassin!«

Die angeforderten Arbeiter begaben sich zu den angegebenen Orten, angetrieben von Beleidigungen der Adjutanten und ihren furchtbaren Stöcken. Der Marseiller betrachtete aufmerksam die an ihm vorbeilaufenden Sträflinge. Die einen waren vor schwer beladene Karren gespannt, die anderen transportierten auf ihren Schultern schweres Gebälk, stapelten Bauholz und räumten es weg oder zogen Schiffe mit Tauen.

Alle Gefangenen trugen die gleichen roten Jacken, eine gleichfarbene Weste und eine grob gewebte graue Hose. Die Lebenslänglichen trugen eine grüne Kappe. Wenn sie nicht besondere Fähigkeiten besaßen, wurden sie zu den härtesten Arbeiten herangezogen. Die wegen ihrer lasterhaften Instinkte oder Ausbruchsversuche verdächtigen Sträflinge hatten um ihre grüne Mütze ein dickes rotes Band. Für die Gefangenen auf Zeit waren uniform rote Kappen reserviert, verschönert mit Zinnplaketten, die die Registriernummern eines jeden Gefangenen zeigten. Letzteren galt Monsieur Bernadons ganze Aufmerksamkeit.

Die einen, zu zweit aneinandergekettet, trugen Eisen von acht bis zweiundzwanzig Pfund. Die Kette, die vom Fuß des einen Sträflings zu dessen Gürtel verlief, wo sie fixiert war, ging von dort zum Gürtel und dann zum Fuß des anderen. Diese Unglücklichen nannte man spaßhaft Ritter der Girlande. Die anderen trugen nur einen Ring und eine Halbkette von neun bis zehn Pfund, oder sogar nur einen Ring, Socke genannt, der zwei bis vier Pfund wog. Andere bedauernswerte Sträflinge hatten die Füße und Hände eingezwängt in ein »*Martinet*«, also in um die Gelenke vernietete und per dreiendiger Kette miteinander verbundene, speziell gehärtete Metallschellen, die allen Versuchen des Zerreißens widerstehen.

Monsieur Bernadon, der sowohl Gefangene als auch Wärter befragte, verschaffte sich einen Überblick über die verschiedenen Arbeiten im Hafen. Vor ihm entrollte sich ein herzzerreißendes Bild, dazu geeignet, das Herz eines Philanthropen zu erschüttern. Aber ehrlich gesagt schien er es nicht zu sehen. Ohne auf der Gesamtheit der Szenerie zu verweilen, schweifte sein Blick nach allen Seiten, überprüfte jeden einzelnen Sträfling, als ob er in dieser unübersichtlichen Menge jemanden

Bestimmten suchen würde, der ihn nicht erwartete. Aber diese Suche zog sich ergebnislos in die Länge und zeitweise konnte sich der beunruhigte Besucher Gesten der Entmutigung nicht erwehren.

Der zufällige Spaziergang endete damit, dass er sich in der Nähe des Mastwerks wiederfand. Plötzlich blieb er auf der Stelle stehen und seine Augen richteten sich auf einen vor den Spill gespannten Mann. Von dem Ort aus, an dem er sich befand, konnte er die Nummer dieses Sträflings, die Nummer 2224, sehen, die auf die an der roten Mütze der Gefangenen auf Zeit angebrachten Zinnplakette geprägt war.

Drittes Kapitel

Die Nummer 2224 war ein junger, kräftig gebauter Mann von 35 Jahren. Sein offenes Gesicht drückte gleichzeitig Intelligenz und Resignation aus. Nicht die Resignation eines Tieres, dem die entwürdigende Arbeit das Gehirn zerstört hat, sondern das bewusste Akzeptieren eines unabwendbaren Unglücks, keineswegs unvereinbar mit dem Überleben der inneren Energie, was die Standfestigkeit seines Blicks bewies. Er war an einen alten Verurteilten gekettet, der sich, viel härter und viehischer, stark von ihm unterschied und dessen flache Stirn nur die niederträchtigsten Gedanken beherbergen konnte.

Die Gefangenenpaare richteten die niederen Masten eines kürzlich zu Wasser gelassenen Schiffes auf und sangen, um ihre Mühen genau abzumessen, das Lied der Veuve. La Veuve bedeutet Witwe bzw. die Guillotine, Hinterbliebene derer, die sie tötet.

Oh! Oh! Oh! Jean-Pierre, oh!
Mach dich frisch!
Er kommt her! Er kommt her! Der Rasierer! Oh!
Oh, oh, oh! Jean-Pierre, oh!
Es kommt der Karren!

Ah! Ah! Ah!
Schneidet die Hälse!

Monsieur Bernadon wartete geduldig auf die Unterbrechung der Arbeiten. Das ihn interessierende Paar nutzte die Pause, um sich zu erholen. Der Ältere von beiden legte sich der Länge nach auf den Boden, der Jüngere blieb stehen und stützte sich auf einem Anker ab.

Der Marseiller näherte sich ihm.

»Mein Freund«, sagte er, »ich möchte mit Ihnen sprechen.«

Um sich seinem Gesprächspartner zu nähern, musste Nummer 2224 an seiner Kette ziehen, was den älteren Sträfling aus seinem Halbschlaf riss.

»Hallo, wirst du wohl stillhalten?!«, rief der.

»Schweig, Romain. Ich möchte mit diesem Herrn sprechen.«

»Und ich sage dir: Nein!«

»Gib ein wenig Kette nach!«

»Nein, den Teufel wird ich.«

»Romain! Romain!«, rief Nummer 2224, der sich langsam zu ärgern begann.

»Na gut, spielen wir darum«, sagte Romain und zog ein paar schmierige Karten aus seiner Tasche.

»Es gilt«, erklärte der jüngere Verurteilte.

Die Kette der beiden Gefangenen bestand aus achtzehn Kettengliedern von sechs Zoll Größe. Jeder der beiden besaß neun und verfügte über entsprechend viel Freiraum.

Monsieur Bernadon näherte sich Romain.

»Ich kaufe Ihnen Ihren Teil der Kette ab«, sagte er.

»Gibt es was Fettes?«

Der Kaufmann entnahm seiner Geldbörse fünf Francs.

»Ein Thune[1] …«, rief der alte Sträfling, »ist gemacht.«

Er beschlagnahmte das Geld, das irgendwo verschwand, dann, nachdem er seine Kette, die er um sich gewickelt hatte,

[1] In der Normandie verbreitet für Fünfliber bzw. Fünf-Francs-Schein.

gelöst hatte, nahm er seinen Platz wieder ein und legte sich mit dem Rücken auf den Boden.

»Was wollen Sie von mir?«, fragte der Gefangene 2224 den Marseiller.

Jener antwortete, den anderen fixierend:

»Sie heißen Jean Morénas. Sie sind wegen Mordes und schwerem Diebstahl zu zwanzig Jahren Zuchthaus verurteilt. Zurzeit haben Sie die Hälfte Ihrer Strafe abgesessen.«

»Das ist wahr«, sagte Morénas.

»Sie sind der Sohn von Jeanne Morénas aus dem Dorf Sainte-Marie-des-Maures.«

»Meine arme, alte Mutter«, sagte der Verurteilte traurig. »Sprechen Sie nicht mehr davon! Sie ist tot!«

»Seit neun Jahren«, ergänzte Monsieur Bernadon.

»Das stimmt auch. Wer sind Sie, mein Herr, dass Sie sich in meinen Angelegenheiten so gut auskennen?«

»Was kümmert Sie das?«, entgegnete Monsieur Bernadon. »Das Wichtigste ist doch, was ich für Sie tun kann. Hören Sie zu, und achten wir darauf, nicht zu lange miteinander zu sprechen. Bereiten Sie sich auf Ihre Flucht vor, die in genau zwei Tagen stattfinden wird. Erkaufen Sie sich das Schweigen Ihres Kompagnons. Versprechen Sie es, dann werde auch ich mein Versprechen halten. Wenn Sie bereit sind, erhalten Sie alle nötigen Instruktionen. Bis bald.«

Der Marseiller setzte seine Inspektion in Ruhe fort und ließ den Gefangenen überrascht über das soeben Gehörte zurück. Er drehte einige Runden im Arsenal, besichtigte ein paar Werkstätten und kehrte zu seiner Equipage zurück, deren Pferde ihn in schnellem Trab wegbrachten.

Viertes Kapitel

Fünfzehn Jahre, bevor Monsieur Bernadon mit dem Gefangenen 2224 dieses kurze Gespräch im Gefängnis von Toulon führte, lebte die Familie Morénas, bestehend aus einer Witwe

»Sie heißen Jean Morénas.«

und ihren zwei Söhnen, dem fünfundzwanzigjährigen Pierre und dem fünf Jahre jüngeren Jean, glücklich in dem Dorf Sainte-Marie-des-Maures.

Die Jungen übten beide das Tischlerhandwerk aus, und es fehlte ihnen weder vor Ort noch in den benachbarten Orten an Arbeit. Beide waren gleich gewandt und gefragt bei den Kunden.

Nicht gleich hingegen war ihr öffentliches Ansehen, und man muss zugeben, dass dieser Unterschied in der Behandlung gerechtfertigt war. Während der jüngere, fleißig bei der Arbeit und ein liebevoller Bewunderer seiner Mutter, als Inbegriff eines guten Sohnes gesehen werden konnte, erlaubte sich der ältere immer einmal wieder einige Streiche. Gewalttätig und hitzköpfig war er häufig, wenn er getrunken hatte, der Held von Streitereien oder Prügeleien. Seine Zunge schadete ihm noch mehr als seine Taten. Er erging sich oft in unüberlegten Reden. Er verfluchte seine beschränkte Existenz in dieser abgelegenen Berggegend und tat seinen Wunsch kund, hinauszuziehen und schnellen Reichtum zu machen. Mehr braucht es nicht, um das Misstrauen der traditionellen Bauernseelen zu wecken. Dennoch, die ihm anzulastenden Beschwerden waren nicht allzu gravierend. Deshalb gab man sich gewöhnlich damit zufrieden, seinem Bruder größere Sympathie entgegenzubringen und ihn als einen Hitzkopf zu betrachten, der, je nach den sich bietenden Zufällen, sowohl zu Gutem wie zu Bösem fähig war.

Die Familie Morénas war also trotz dieser leichten Schatten glücklich. Ihr Glück bezog sie aus ihrem vollkommenen Zusammenhalt. Als Söhne gaben die zwei Jungen keinen Anlass zur Kritik. Als Brüder liebten sie einander von ganzem Herzen, und jener, der einen von ihnen angegriffen hätte, sähe sich sofort zwei Gegnern gegenüber.

Das erste Unglück, das die Familie traf, war das Verschwinden des älteren Bruders. An seinem fünfundzwanzigsten Geburtstag ging er wie gewöhnlich zur Arbeit, die ihn an jenem Tag ins Nachbardorf gerufen hatte. Am Abend warteten die Mutter und der Bruder umsonst auf seine Rückkehr: Pierre Morénas kam nicht wieder.

Was war ihm passiert? War er in einer seiner gewohnten Schlägereien umgekommen? War er Opfer eines Unfalls oder eines Verbrechens? Handelte es sich lediglich um eine Flucht? Auf diese Fragen würde es niemals eine Antwort geben.

Die Verzweiflung der Mutter war herzzerreißend. Dann, mit der Zeit, Schritt um Schritt, nahm das Leben wieder seinen gewohnten Lauf. Stufenweise und unterstützt durch die Liebe des zweiten Sohnes lernte Madame Morénas diese ergebene Schwermut kennen, die als einzige Freude den vom Unglück gezeichneten Herzen gegönnt ist.

Fünf Jahre vergingen auf diese Weise, fünf Jahre, während derer es keinen Moment Zweifel an der Hingabe des Sohnes Jean Morénas gegeben hatte. Nach Ablauf des letzten dieser fünf Jahre, zu dem Zeitpunkt, als Jean seinerseits fünfundzwanzig wurde, erschütterte ein zweites, noch schlimmeres Unglück diese ohnehin schon so schrecklich vom Schicksal geschlagene Familie.

In einiger Entfernung von deren Haus besaß der Bruder der Witwe, Alexander Tisserand, die einzige Herberge des Dorfes. Mit dem Onkel Sandre, wie Jean ihn zu nennen pflegte, lebte dessen Mündel Marguerite. Vor langer Zeit hatte er sie nach dem Tod ihrer Eltern zu sich genommen. Einmal in die Herberge eingezogen, hat sie sie nie mehr verlassen. Sie half ihrem Wohltäter und Paten bei der Bewirtschaftung des bescheidenen Gasthofes und durchlebte auf diese Weise dort die Etappen ihrer Kindheit und Jugend. Als Jean Morénas fünfundzwanzig Jahre alt wurde, war sie achtzehn, und aus dem Kind war ein junges, so hübsches wie sanftes Mädchen geworden.

Sie und Jean waren zusammen aufgewachsen. Sie hatten gemeinsam ihre Kinderspiele gespielt, und die alte Herberge war unzählige Male von ihrem Lärmen erfüllt gewesen. Dann, nach und nach, änderten die Spiele ihren Charakter, so wie sich mit der Zeit, zumindest in Jeans Herz, die kindliche Freundschaft von früher wandelte.

Der Tag kam, an dem Jean Morénas diejenige, die er bislang wie eine liebe Schwester betrachtet hatte, wie eine Frau liebte. Er liebte sie entsprechend seiner ehrlichen Natur, wie er seine Mutter liebte, mit der gleichen Aufopferung, mit der gleichen Inbrunst, mit seinem ganzen Wesen.

Aber er bewahrte Stillschweigen und erzählte jener, die er zu seiner Frau zu machen gedachte, nichts von seinen Plänen. Er sah nur zu deutlich, dass sich die zärtliche Liebe der jungen Frau nicht genauso entwickelte wie die seine. Also während sich seine brüderliche Liebe stufenweise in Begehren verwandelte, blieb Marguerites Gefühl unverändert. Mit der gleichen Ruhe blickten ihre Augen in die des Spielgefährten ihrer Kindheit, ohne dass ein Schatten das klare Blau ihrer Augen getrübt hätte.

Im Bewusstsein dieses Zwiespaltes sagte Jean nichts und verbarg seine heimliche Hoffnung, zum Leid seines Onkels Sandre, der seinen Neffen sehr schätzte und glücklich gewesen wäre, ihm sein Patenkind und seine wenigen Ersparnisse aus vierzig Jahren anstrengender Arbeit anvertrauen zu können. Aber der Onkel verzweifelte nicht. Es konnte sich alles zum Guten wenden, Marguerite war noch jung. Mit den Jahren würde Marguerite Jeans Stärken schätzen lernen, und dieser würde, mutiger geworden, seine Werbung formulieren.

So lagen die Dinge, als ein unvorhergesehenes Drama Saint-Marie-des-Maures erschütterte. Eines Morgens fand man Onkel Sandre tot, erwürgt, in seinem Büro, dessen Schublade bis aufs letzte geleert war. Wer hatte diesen Mord verübt? Die Justiz würde vielleicht lange vergeblich nach dem Schuldigen gesucht haben, wenn nicht der Tote selbst sich um dessen Entlarvung gekümmert hätte. In der zusammengekrümmten Hand der Leiche fand man ein zerknittertes Papier, auf welches Alexandre Tisserand, bevor er starb, folgende Worte geschrieben hatte:

»Mein Neffe hat …«

Mehr zu vermerken war ihm nicht gelungen. Der Tod hinderte ihn daran, den Satz mit der Anschuldigung zu vollenden.

Was er hinterließ, genügte jedoch vollauf. Da Alexandre Tisserand nur noch einen Neffen besaß, herrschte keinerlei Zweifel.

Das Verbrechen wurde problemlos rekonstruiert. Am vorherigen Abend weilte niemand in der Herberge. Der Mörder war also von draußen gekommen, und er musste dem Opfer gut bekannt gewesen zu sein, denn dieser, sonst von sehr misstrauischer Natur, hatte ohne zu zögern geöffnet. Es galt ebenfalls als erwiesen, dass das Verbrechen zu früher Stunde begangen wurde, da Alexandre Tisserand noch bekleidet war. Nach den unfertigen Rechnungen auf seinem Schreibtisch zu urteilen, war er damit beschäftigt gewesen, die Einnahmen zu überprüfen, als sein Besucher ihn überraschte. Zum Öffnen hatte er unbewusst den Stift mitgenommen, dessen er sich bediente und mit dem er später seinen Mörder erwähnen sollte.

Dieser hatte, sobald er eingetreten war, das Opfer an der Kehle gepackt und es niedergeschlagen. Das Drama musste sich binnen weniger Minuten abgespielt haben. Es gab im Endeffekt keine Kampfspuren, und Marguerite hatte in ihrem Zimmer, das zugegebenermaßen recht weit entfernt lag, nichts gehört.

Als er das Opfer tot glaubte, leerte der Mörder das Schubfach, durchsuchte sorgfältig das Schlafzimmer, wovon das zerwühlte Bett und die umgeworfenen Schränke zeugten. Nachdem er seine Beute an sich genommen hatte, beeilte er sich zu flüchten, ohne irgendeine kompromittierende Spur zu hinterlassen.

Zumindest glaubte er dies, aber der Elende hatte die Rechnung ohne die allgegenwärtige Gerechtigkeit gemacht. Der Todgeglaubte lebte noch und hatte für einen Augenblick das Bewusstsein zurückerlangt. Es gelang ihm, die Worte, die die Nachforschungen bestimmen sollten, zu verfassen, bevor ihn der Tod ereilte und somit unterbrach.

Im Dorf herrschte Bestürzung. Jean Morénas, der fleißige Arbeiter und gute Sohn, ein Mörder! Aber man musste es zur Kenntnis nehmen, die Anschuldigung war zu eindeutig, um daran zu zweifeln. So meinten zumindest die Justizbehörden. Trotz Proteste wurde Jean Morénas festgenommen, vor Gericht gestellt und zu zwanzig Jahren Zuchthaus verurteilt.

Dieses furchtbare Unglück war zu viel für seine Mutter. Von diesem Tag an verkümmerte sie schnell. Weniger als ein Jahr später folgte sie ihrem ermordeten Bruder ins Grab.

Das unerbittliche Schicksal ließ sie zu früh sterben. Sie verschied in dem Moment, als nach so vielen Prüfungen endlich ein Glücksfall eintrat. Die Erde bedeckte gerade ihren Sarg, als ihr älterer Sohn, Pierre, wieder im Lande auftauchte.

Woher kam er? Was hatte er während der zehn Jahre seiner Abwesenheit getan? Was hatte er erlebt? In welchem Zustand kehrte er in sein Dorf zurück? Er gab keine Auskünfte diesbezüglich und, so groß die Neugierde auch war, es kam der Tag, an dem man aufhörte, sich diese Fragen zu stellen.

Schließlich, wenn er auch keinen Reichtum gemacht hatte, so schien er dennoch nicht gescheitert zu sein. Seinen alten Beruf als Tischler übte er nur noch unregelmäßig aus und zwei Jahre lang lebte er fast wie ein Pensionär, sich nur selten nach Marseille begebend, wohin ihn, wie er sagte, die Geschäfte riefen.

In diesen zwei Jahren verbrachte er seine schönsten Momente nicht in dem von der Mutter ererbten Haus, sondern in der Herberge seines Onkels Sandre, die nun Marguerite gehörte und die sie nach dem Tod ihres Paten mit Hilfe eines Dieners bewirtschaftete.

Wie vorauszusehen war, entwickelte sich langsam eine zarte Beziehung zwischen den beiden jungen Leuten. Was die ruhige Energie Jeans nicht zustande brachte, das gelang der Zungenfertigkeit und dem ein wenig groben Charakter Pierres. Der wachsenden Liebe desselben kam Marguerite mit gleichen Gefühlen entgegen. Zwei Jahre nach dem Tod der Witwe Morénas, drei Jahre nach dem Mord an Onkel Sandre und der Verurteilung des Mörders, feierten die beiden jungen Leute Hochzeit.

Sieben Jahre vergingen, während derer drei Kinder geboren wurden, das letzte gerade sechs Monate vor dem Tag, an dem unsere Geschichte begann. Marguerite hatte als glückliche Ehefrau und Mutter sieben Jahre des Glücks verbracht.

Sie wäre weniger glücklich gewesen, wenn sie im Herzen ihres Mannes hätte lesen können, wenn sie von der Existenz gewusst hätte, die ihn, mit dem ihr Leben verknüpft war, sechs Jahre lang von Diebstahl zu Diebstahl, von Einbruch zu Einbruch geführt hatte, wenn sie vor allem über seine Rolle beim Mord an ihrem Paten informiert gewesen wäre.

Alexandre Tisserand hatte die Wahrheit gesagt, indem er seinen Neffen bezichtigte, aber welche Tragik, dass sein Gehirn und Hand verwirrender Todeskampf ihn daran hinderte, seine

Aussage zu präzisieren! Es war wohl sein Neffe, der das abscheuliche Verbrechen begangen hatte, aber nicht Jean, sondern Pierre Morénas.

Mit seinen finanziellen Mitteln am Ende, auf der letzten Stufe zum Elend kam Pierre mit der festen Absicht nach Saint-Marie-des-Maures, seinen Onkel zu bestehlen. Der Widerstand des Opfers machte aus dem Dieb einen Mörder.

Nachdem er den Gastwirt niedergeschlagen hatte, plünderte er das Büro und flüchtete anschließend in die Nacht. Vom Tod seines Onkels, den er nur ohnmächtig wähnte, der Verhaftung und der Verurteilung seines Bruders wusste er nichts. So kam es, dass er, mit seinen Finanzen am Ende, ein Jahr nach seinem Verbrechen in aller Seelenruhe ins Land zurückkehrte. Er zweifelte nicht daran, dass er nach soviel vergangener Zeit leicht Vergebung finden würde. In dem Moment erfuhr er vom Tod seines Onkels, seiner Mutter und der Verurteilung seines Bruders.

Diese Nachricht erschütterte ihn schwer. Die Situation des Bruders, mit dem ihn zwanzig Jahre innige und wahrhaftige Gefühle verbanden, wurde für ihn zur Quelle grausamer Selbstvorwürfe. Wie konnte er alles nur wiedergutmachen, ohne die Wahrheit aufzudecken, sich selbst anzuzeigen und so den Platz des zu Unrecht Verurteilten im Zuchthaus einzunehmen?

Unter dem Einfluss der Zeit schwanden Reue und Vorwürfe dahin. Die Liebe tat ein Übriges.

Aber die Reue kehrte zurück, als das eheliche Leben seinen friedlichen Lauf nahm. Von Tag zu Tag mehr lastete die Erinnerung an den unschuldigen Gefangenen auf des eigentlichen Schuldigen Gewissen. Die Kindheitserinnerungen beschäftigten ihn immer mehr, und der Tag kam, an dem Pierre Morénas träumte, seinen Bruder von der Qual zu befreien, die er ihm bereitet hatte. Nach allem war er nicht mehr der mittellose Bettler, der Saint-Marie-des-Maures verlassen hatte, um in der Welt einen sagenhaften Schatz zu suchen. Jetzt hatte der Bettler Besitz, den größten des Dorfes, und es mangelte ihm nicht an Geld. Konnte er das Geld nicht verwenden, um sich seiner Vorwürfe zu entledigen?

Fünftes Kapitel

Jean Morénas folgte Monsieur Bernadon mit den Augen. Er konnte nur mit Mühe begreifen, was ihm geschah. Wieso kannte dieser Mann seine Lebensumstände so genau?

Das war ein unlösbares Problem. Aber egal, ob er nun verstand oder nicht, er musste unter allen Umständen das ihm gemachte Angebot nutzen. Er entschloss sich also zur Flucht.

Vorher musste er seinen Mitgefangenen von seinem Vorhaben in Kenntnis setzen. Daran führte kein Weg vorbei. Die Verbindung zwischen beiden konnte nicht von einem gelöst werden, ohne dass der andere es nicht bemerkt hätte. Vielleicht wollte auch Romain von der Gelegenheit profitieren, was die Erfolgsaussichten verringern würde.

Jean versuchte, dem alten Gefangenen, der nur noch achtzehn Monate in Eisen verharren musste, zu erklären, dass er bei dieser geringen Reststrafe keine Haftverlängerung riskieren sollte. Aber Romain, der bei dieser Geschichte auf Geld hoffte, wollte keine Vernunft annehmen und lehnte es ab, auf seinen Kameraden zu hören. Als dieser ihm dann endlich von tausend Francs sprach, die er sofort erhalten, und einer gleichen Summe, die dem Alten am Ende seiner Gefängnishaft ausgezahlt werden sollte, zeigte sich Romain einsichtig und einverstanden mit den Ideen seines Kettenkameraden.

Als diese Sache geklärt war, musste die Art des Ausbruchs gewählt werden. Das Wichtigste war es, den Hafen zu verlassen, ohne gesehen zu werden, demzufolge den geübten Augen der Wache und Wärter zu entkommen. War man erst einmal draußen, bevor die Polizei benachrichtigt worden war, käme man leicht mit den Bauern ins Geschäft, die eine gehörige Geldsumme überzeugen würde, ihm zu helfen.

Jean Morénas beschloss, nachts auszubrechen. Obwohl er Gefangener auf Zeit war, befand sich seine Unterkunft nicht auf einem der alten, zu einem schwimmenden Zuchthaus umgeformten Schiffe. Ausnahmsweise bewohnte er eines der Gefängnisse an Land. Es würde schwierig werden herauszukommen. Das Beste wäre, am Abend gar nicht erst hineinzugehen. Das Hafenbecken war um diese Uhrzeit fast leer. Es dürfte ihm zweifellos nicht unmöglich sein hindurchzuschwimmen. Anders als übers Meer würde er es nicht schaffen. Erst einmal an Land, käme ihm sein Beschützer zu Hilfe.

Durch seine Überlegungen auf diesem Weg an den Unbekannten erinnert, entschied er sich, auf dessen Rat zu warten und zu sehen, ob die Romain gegebenen Versprechen eingehalten werden konnten. Wegen seiner Ungeduld verfloss die Zeit langsam.

Erst am übernächsten Tag sah er seinen mysteriösen Freund wieder.

»Nun? …«, fragte Monsieur Bernadon.

»Alles ist geregelt, Monsieur, und wenn Sie mir helfen, kann ich Ihnen versichern, dass alles gut geht.«

»Was brauchen Sie?«

»Ich habe meinem Mitgefangenen zweitausend Francs versprochen, davon tausend Francs nach seiner Entlassung …«

»Geht in Ordnung. Noch etwas?«

»Tausend Francs sofort.«

»Hier sind sie«, sagte Monsieur Bernadon und gab die Summe dem alten Gefangenen, der sie sofort verschwinden ließ.

»Nun denn«, sagte der Marseiller, »Gold und eine versteckte Feile. Das genügt Ihnen, um mit Ihren Ketten zurechtzukommen?«

»Ja, Monsieur. Wo werde ich Sie wiedersehen?«

»Am Kap Brun. Sie finden mich am Strand, am Ende der Bucht mit Namen Port Mejean. Kennen Sie sie?«

»Ja. Zählen Sie auf mich.«

»Wann brechen Sie auf?«

»Heute Abend, ich werde schwimmen.«

»Sind Sie ein guter Schwimmer?«

»Ein sehr guter.«

»Dann ist der Boden bereitet. Bis heute Abend dann.«

»Bis heute Abend.«

Monsieur Bernadon verließ die zwei Gefangenen, die an ihre Arbeit zurückgingen. Ohne sich weiter um sie zu kümmern, setzte Monsieur Bernadon seinen Rundgang fort, indem er die einen oder anderen befragte, und kehrte dem Arsenal den Rücken. Keiner hatte etwas bemerkt.

Sechstes Kapitel

Jean Morénas bemühte sich, den Anschein zu erwecken, der ruhigste aller Arbeiter zu sein. Trotz seines Bemühens jedoch hätte ein aufmerksamer Beobachter seine ungewöhnliche Erregung bemerkt. Die Freiheitsliebe ließ sein Herz lauter schlagen, und sein ganzer Wille reichte nicht aus, seine fieberhafte Ungeduld zu unterdrücken. Wie schnell war sie verflogen, diese oberflächliche Resignation, mit der er sich zehn Jahre lang gegen die Verzweiflung gewappnet hatte.

Um bei der Rückkehr am Abend für einige Momente seine Abwesenheit zu verbergen, hatte er vor, sich durch einen anderen, seinem Kameraden nahen Kompagnon ersetzen zu lassen. Dieser war eine *Socke* – so genannt wegen des leichten Rings, den die Gefangenen dieser Kategorie am Fuß tragen – also jemand, dem nur noch einige Tage Zuchthaushaft blieben und der losgekuppelt war – und ließ sich für drei Goldstücke von Jean überreden, seinen Fuß kurzzeitig in die gesprengten Fesseln desselben zu setzen.

Ein wenig nach sieben Uhr am Abend nutzte Jean eine Pause, um seine Eisen zu zersägen. Dank der Perfektion seiner Feile, und obwohl seine Fessel besonders gehärtet war, gelang ihm seine Arbeit schnell. Im Augenblick der Rückkehr in die Unterkünfte übernahm der Häftling Socke seinen Platz. Er versteckte sich hinter einem Holzpfeiler.

Unweit von ihm befand sich ein riesiger, für ein sich im Bau befindliches Schiff bestimmter Heizkessel. Dieses große Behältnis stand auf seiner Grundfläche und die Öffnung des Ofens bot dem Flüchtigen ein für Blicke undurchdringliches

Einige Adjutanten tauchten hier und da auf.

Versteck. Bei der erstbesten Gelegenheit glitt er lautlos hinein und nahm ein Stück einer Bohle mit, in die er eilig eine Kuhle und Löcher machte. Dann wartete er, die Sinne geschärft, die Nerven angespannt.

Die Nacht brach herein. Der bewölkte Himmel verstärkte die Dunkelheit und begünstigte Jean Morénas. Die Halbinsel Saint-Madrier gegenüber verschwand im Dunst.

Als das Arsenal leer war, verließ Jean sein Versteck und kroch vorsichtig in Richtung des Werftbeckens. Einige Adjutanten tauchten hier und da auf. Jean hielt jedes Mal an und presste sich auf den Boden. Glücklicherweise hatte er seine Fesseln abgestreift, was ihm erlaubte, sich lautlos zu bewegen.

Endlich kam er ans Wasser, an einen Kai des Darse Neuve, unweit der Öffnung, die Zugang zum Hafenbecken bot. Das Holz in der Hand ließ er sich an einem Seil hinabgleiten und befand sich in den Fluten.

Als er wieder auftauchte, bedeckte er seinen Kopf mit der Bohle wie mit einem Hut und entschwand so allen Blicken. Die vorher eingearbeiteten Löcher gestatteten ihm, sich zu orientieren. Man würde ihn für ein Stück Treibholz halten.

Plötzlich ertönte ein Kanonenschuss.

»Das ist die Schließung des Hafens«, dachte Jean Morénas.

Ein zweiter und ein dritter ertönten.

Es konnte keinen Zweifel geben. Das war die Alarmkanone. Jean verstand, dass seine Flucht entdeckt worden war.

Die Annäherung an Schiffe und Ankerketten vermeidend, schwamm er in die kleine Bucht beim Sprengstofflager von Millaud. Das Meer war ein wenig rau, aber der geübte Schwimmer fühlte sich stark genug, es zu bezwingen. Die Kleider, die sein Vorankommen behinderten, wurden unterwegs zurückgelassen. Er behielt nur die Geldbörse, die er um die Brust gebunden hatte. Problemlos erreichte er die Mitte der Bucht.

Dort lüpfte er vorsichtig den Holzhut und holte Luft, indem er sich an einer dieser Eisenbojen, die tote Körper genannt werden, festhielt.

»Uff«, sagte er bei sich, »dieser Ausflug ist das reinste Vergnügen im Vergleich zu dem, was mir noch zu tun übrig bleibt. Auf dem Meer brauche ich keine Begegnungen mehr zu fürchten, aber ich muss die Hafeneinfahrt passieren und dort verkehren eine Menge Boote zwischen dem großen Turm und dem Fort Aiguillette. Das müsste mit dem Teufel zugehen, entkäme ich ihnen. Bis dahin orientieren wir uns und werfen uns nicht unsinnigerweise ins Maul des Wolfes.«

Jean bestimmte mit Hilfe des Pulverturms von Lagoubran und des Fort Saint-Louis seine Position und glitt wieder ins Wasser.

Den Kopf unter seinem Holzschutz versteckt, schwamm er vorsichtig. Da das Geräusch des auffrischenden Windes verhindern konnte, dass er gefährlichere Geräusche vernahm, nahm er sich in acht. Und obwohl es für ihn wichtig war, die kleine Bucht zu verlassen, bewegte er sich nur langsam fort, um nicht an einer falschen Boje hängen zu bleiben, die ihn mit unglaublicher Geschwindigkeit einfangen würde.

Eine halbe Stunde verstrich. Seiner Schätzung nach musste er in der Nähe der Passage sein. Da glaubte er plötzlich, links Ruderschläge zu hören. Er hielt an und lauschte.

»Oh«, erklang es von einem Kahn, »Neuigkeiten?«

»Nichts Neues«, kam es von einem zweiten Kahn rechts des Flüchtigen zurück.

»Den finden wir nie.«

»Aber ist es denn sicher, dass er übers Meer entkommen ist?«

»Zweifellos. Wir haben seine Kleider gefunden.«

»Es ist ziemlich dunkel. Weit kann er nicht kommen.«

»Los, voran! Rudern wir weiter!«

Die Kähne trennten sich. Sobald sie ausreichend weit entfernt waren, machte Jean einige kräftige Züge und verschwand in Richtung der Passage.

In dem Maße, in dem er sich ihr näherte, mehrten sich die Schreie um ihn herum. Die Kähne, die in der Bucht ihre Bahnen zogen, konzentrierten hier notwendigerweise ihre Wachsamkeit. Ohne sich von der Zahl seiner Feinde einschüchtern zu lassen, schwamm Jean weiter.

Er hatte für sich entschieden, dass er eher ertrinken würde, als dass er sich fangen ließe, und die Verfolger bekämen ihn nicht lebendig.

Bald erkannte er den großen Turm und das Fort Aiguillette.

Fackelschein auf den Deichen und am Strand zeugte von den Brigaden der Gendarmerie, die ihm auf den Fersen waren. Der Flüchtige verlangsamte seine Geschwindigkeit und ließ sich von den Wellen und dem Westwind in Richtung Meer treiben.

Plötzlich traf ein Fackelschein die Fluten und Jean bemerkte vier Kähne, die auf ihn zukamen. Er rührte sich nicht, denn die geringste Bewegung konnte ihn verraten.

»Und?«, erklang es von einem der Kähne.

»Nichts!«

»Weiter geht's!«

Jean atmete auf. Die Boote entfernten sich. Es war höchste Zeit. Sie befanden sich in absoluter Nähe, was ihn zwang auszuweichen.

»Nanu? Was ist denn das dort?«, schrie ein Matrose.

»Was?«, antwortete man ihm.

»Der schwarze Punkt, der schwimmt.«

»Das ist nichts. Nur Treibholz.«

»Na, dann sammeln wir es auf!«

Jean bereitete sich vor zu tauchen. Aber die Pfeife eines Quartiermeisters ertönte.

»Rudert, Leute, wir haben mehr zu tun, als irgendwelche Bohlen aufzufischen! Los, los!«

Die Ruder peitschten unter großem Lärm das Wasser. Der Unglückliche fasste wieder Mut. Seine List war nicht entdeckt worden. Mit der Hoffnung kehrten die Kräfte zurück. Er wendete sich nun endlich dem Fort Aiguillette zu, dessen massive dunkle Mauern sich vor ihm auftürmten.

Plötzlich befand sich Jean in tiefer Dunkelheit. Ein undurchsichtiger Körper schob sich zwischen ihn und das Fort, das er im Blick hatte. Es war ein Kahn, der ihn mit voller Geschwindigkeit rammte. Beim Zusammenprall beugte sich ein Matrose über Bord.

»Es ist eine Boje«, sagte dieser.

Das Boot fuhr weiter. Unglücklicherweise schlug eines der Ruder gegen die falsche Boje und drehte sie um. Bevor der Ausreißer ans Verschwinden überhaupt denken konnte, wurde sein rasierter Kopf über dem Wasser sichtbar.

»Wir haben ihn!«, schrien die Matrosen. »Dort!«

Jean tauchte, und während die Pfeifen ertönten und die überall verstreuten Kähne zusammenriefen, schwamm er unter Wasser in Richtung des Strandes von Lazaret. Auf diese Weise entfernte er sich vom vereinbarten Treffpunkt, da dieser Strand sich rechts vom Eingang in die große Bucht befand, das Kap Brun sich hingegen auf der linken Seite erstreckte. Aber er hoffte, seine Feinde zu täuschen, indem er sich auf die seiner Flucht am wenigsten förderliche Seite der Bucht zubewegte.

Der mit dem Marseiller ausgemachte Ort musste aber dennoch erreicht werden. Nach einigen Schwimmstößen in die entgegengesetzte Richtung nahm Jean seinen vorherigen Kurs wieder auf. Die Kähne kreuzten um ihn herum. Unentwegt musste er tauchen, um nicht entdeckt zu werden. Schließlich gelang es ihm, seine Verfolger mit seinen gewandten Manövern in die Irre zu führen und in die richtige Richtung zu entkommen.

War es nicht schon zu spät? Jean fühlte sich erschöpft und müde durch diesen langen Kampf gegen die Männer und die Elemente. Er war am Ende seiner Kräfte. Mehrmals schlossen sich seine Augen, und in seinem Kopf begann sich alles zu drehen. Mehrmals versagten die Hände ihren Dienst und die Füße sanken ihm wie Blei in die Tiefe.

Durch welches Wunder erreichte Jean das Ufer? Er hätte es selbst nicht sagen können. Dennoch gelang es ihm. Plötzlich hatte er festen Boden unter den Füßen. Er erhob sich und machte einige unsichere Schritte, drehte sich einmal um sich selbst und fiel außerhalb der Reichweite der Wellen in Ohnmacht.

Als er wieder zu sich kam, beugte sich ein Mann über ihn und hielt ihm eine Flasche an den Mund, aus der Alkohol durch seine zusammengepressten Lippen in seinen Mund rann.

Siebentes Kapitel

Die Gegend östlich von Toulon, bewaldet und bergig, von Schluchten und Wasserläufen durchzogen, bot dem Flüchtigen zahlreiche Rettungsmöglichkeiten. Jetzt, nachdem er Land gewonnen hatte, konnte er hoffen, völlige Freiheit zu erlangen.

Diesbezüglich beruhigt fühlte Jean Morénas die Neugier hinsichtlich seines großzügigen Beschützers zurückkehren. Dessen Ziel konnte er nicht erraten. Brauchte der Marseiller etwa einen derben, unternehmungslustigen Kerl, der zu allem entschlossen war, der mit den Fäusten dachte und den er sich somit aus dem Zuchthaus zu holen gedachte? In diesem Fall hätte er sich verrechnet. Jean Morénas war fest entschlossen, suspekte Angebote energisch abzulehnen.

»Fühlen Sie sich wohler?«, fragte Monsieur Bernadon, nachdem er dem Flüchtling Zeit gegeben hatte, sich zu erholen. »Haben Sie die Kraft zu gehen?«

»Ja«, sagte Jean, sich erhebend.

»In dem Fall ziehen Sie die Kleidung eines Bauern an, die ich für Sie mitgebracht habe. Dann los. Wir dürfen keine Sekunde verlieren.«

Es war elf Uhr in der Nacht, als sich die beiden Männer auf den Weg machten. Sie vermieden gepflasterte Straßen, warfen sich in die Hecken und Gebüsche, wenn sie Schritte oder Fuhrwerke sich nähern hörten.

Auch wenn die Verkleidung den Flüchtling unkenntlich machte, fürchteten sie eine aufmerksame Kontrolle. Man sah dem bäuerlichen Kostüm an, dass es geborgt war.

Außer den Brigaden der Gendarmerie, die ihm seit dem ersten Kanonendonner auf den Fersen waren, musste Jean Morénas jeden beliebigen Passanten fürchten. Die Angst um ihre Sicherheit und das Aussetzen einer Prämie der Regierung für das Ergreifen des ausgebrochenen Flüchtlings erhöhten die Scharfsichtigkeit der Bauern, die Schnelligkeit ihrer Beine, die Kraft ihrer Arme. Denn jeder Flüchtige riskierte, schnell erkannt zu werden, sei es, dass er durch das Tragen von schweren Ketten das Bein ein wenig nachzog, sei es, dass ihm eine verräterische Angst ins Gesicht geschrieben stand.

Nach drei Stunden Marsch hielten die zwei Männer auf ein Zeichen Monsieur Bernadons an. Dieser zog aus einer Tasche, die er über der Schulter trug, einige Lebensmittel, die Jean gierig im Schutz einer Hecke verschlang.

Ein Mann hatte sich über ihn gebeugt.

»Schlafen Sie jetzt etwas«, sagte der Marseiller nach der kurzen Mahlzeit. »Sie haben noch einen langen Marsch vor sich, und man muss mit seinen Kräften haushalten.«

Das ließ sich Jean nicht zweimal sagen, und kaum hatte er sich auf dem Boden ausgestreckt, fiel er in bleiernen Schlaf.

Der Tag war bereits angebrochen, als Monsieur Bernadon ihn weckte.

Sofort machten sich beide auf den Weg. Dieser führte sie jetzt nur noch übers freie Feld. Ihre Verhaltensweise musste nun darin bestehen, sich trotz mangelnder Deckung so wenig wie möglich sehen zu lassen, den engen Kontakt mit Passanten zu meiden, ohne ihnen wirklich entgehen zu können, den großen Straßen zu folgen.

Monsieur Bernadon und Jean Morénas liefen schon eine geraume Zeit, als letzterer das Herankommen mehrerer Pferde zu hören glaubte.

Er kletterte auf einen Hang, um die Straße überblicken zu können, aber wegen einer Kurve sah er nichts. Er konnte sich immerhin geirrt haben. Mit dem Ohr auf der Erde versuchte er, das Geräusch zu erkennen, das ihn beunruhigt hatte.

Bevor er sich erhob, warf sich Monsieur Bernadon auf ihn. Im Handumdrehen sah sich Jean geknebelt und gefesselt.

Im selben Moment erschienen zwei Gendarmen zu Pferde auf der Straße. Auf der Höhe von Monsieur Bernadon und dessen mittlerweile verwirrten Gefangenen angekommen, rief einer den Marseiller an:

»He, Mann! Was ist hier los?«

»Das ist ein entlaufener Sträfling, Herr Gendarm, ein entlaufener Gefangener, dessen ich gerade habhaft geworden bin«, antwortete Monsieur Bernadon.

»Aha«, sagte der Gendarm, »der von letzter Nacht?«

»Das kann schon sein. Auf jeden Fall habe ich ihn oder einen anderen gefasst.«

»Sie werden eine ordentliche Belohnung bekommen, Kamerad.«

»Das will ich hoffen, und dazu kommt noch seine Kleidung, die nicht dem Zuchthaus gehört. Die werde ich gut verkaufen können.«

»Brauchen Sie uns?«, fragte einer der Gendarmen.

»Mein Gott, nein. Er ist sorgfältig geknebelt, das schaffe ich allein.«

»Dann ist es ja gut. Alles Gute und auf Wiedersehen«, antwortete der Gendarm.

Die Polizisten entfernten sich. Als sie verschwunden waren, hielt Monsieur Bernadon in einem Gehölz an der Straße. Schnell nahm er Jean die Fesseln ab.

»Sie sind frei«, sagte sein Begleiter und zeigte in Richtung Westen. »Folgen Sie der Straße auf dieser Seite. Mit ein wenig Bemühen erreichen Sie Marseille heute Nacht. Suchen Sie im alten Hafen der Marie-Magdeleine einen Dreimaster, der nach Valparaiso in Chile fahren wird. Der Kapitän weiß Bescheid. Er wird Sie an Bord nehmen. Sie heißen Jacques Reynaud. Hier sind Ihre Papiere. Hier haben Sie Gold. Fangen Sie ein neues Leben an. Adieu.«

Bevor Jean Morénas antworten konnte, war Monsieur Bernadon zwischen den Bäumen verschwunden. Der Flüchtling befand sich allein auf der Straße.

Achtes Kapitel

Überrascht von dem Ausgang seines unerklärlichen Abenteuers blieb Jean Morénas geraume Zeit unbeweglich stehen. Warum verließ ihn sein Beschützer, nachdem er ihm bei der Flucht geholfen hatte? Warum hatte sich der Unbekannte überhaupt für das Schicksal eines Gefangenen wie ihn interessiert, der durch nichts auf sich aufmerksam machte? Wie hieß er nur? Jean bemerkte, dass er nicht einmal daran gedacht hatte, nach dem Namen seines Retters zu fragen.

Da er dieses Versäumnis nicht mehr nachholen konnte, so schien es im Endeffekt auch nicht so wichtig. Entscheidend war, dass er keine Eisen mehr tragen musste, die ihm so lange die Knochen zerschlagen hatten. Der Rest würde sich später oder aber nie erklären lassen. Eins war sicher, und zwar, dass er sich allein am einsamen Straßenrand befand, mit Gold in der Tasche, ausgerüstet mit regulären Papieren, und mit tiefen Zügen die berauschende Luft der Freiheit einatmete.

Jean Morénas setzte sich in Bewegung. Man hatte ihm gesagt, in Richtung Marseille zu gehen. Ohne darüber nachzudenken, machte er sich also nach dorthin auf den Weg. Aber nach einigen Schritten blieb er stehen.

Marseille, la Marie-Magdeleine, Valparaiso de Chile, ein

neues Leben beginnen. War es das, was er wollte, weshalb er sich so heftig nach der Freiheit gesehnt hatte, ein neues Leben in einem fernen Land? Nein, nein. Während seiner langen Haft hatte er nur von einem einzigen Land geträumt: Sainte-Marie-des-Maures, nur von einem einzigen Wesen: von Marguerite.

Es waren die Sehnsucht nach dem Dorf und die Erinnerung an Marguerite, die das Zuchthaus so grausam, die Ketten so unerträglich gemacht hatten. Und nun würde er weggehen, ohne überhaupt versucht zu haben, sie wiederzusehen? Los doch, lieber wollte er sich wieder unter die Knute der Zuchthauswärter beugen.

Nein, um jeden Preis musste er das Grab seiner Mutter besuchen, sein Dorf und vor allem Marguerite wiedersehen. Wenn er sich dem jungen Mädchen gegenüber sähe, würde er den Mut finden, der ihm früher gefehlt hatte. Er würde sich erklären, er spräche und überzeugte sie von seiner Unschuld. Marguerite war kein Kind mehr. Vielleicht liebte sie ihn heute. In diesem Fall würde er sie überzeugen, ihm zu folgen. Welch wundervolle Zukunft eröffnete sich vor seinem inneren Auge. Wenn sie ihn dagegen nicht liebte, würde passieren, was passieren sollte. Das hätte für ihn keinerlei Bedeutung mehr.

Jean verließ die große Straße und nahm den ersten Weg, der nach Norden führte. Aber bald hielt er von Neuem an, von dem Wunsch, sein Unterfangen erfolgreich zu beenden, zur Vorsicht gerufen. Er kannte das Land, das er nun durchquerte und das er während seiner Kindheit so oft durchstreift hatte, zu gut, um nicht zu wissen, dass das zu erreichende Ziel nicht mehr allzu weit entfernt von ihm lag. In zwei Stunden konnte er in Sainte-Marie-des-Maures sein. Es war jedoch wichtig, nicht vor Einbruch der Nacht dort anzukommen, wenn er nicht doch noch gefasst werden wollte.

Jean wartete also im Gelände und setzte sich erst nach Sonnenuntergang, nachdem er lange geschlafen und eine Mahlzeit in einem kleinen Gartenlokal genommen hatte, wieder in Bewegung.

Es schlug neun Uhr und die Dunkelheit war vollkommen,

Jean glitt lautlos durch die leeren Straßen.

als er die ersten Häuser von Sainte-Marie-des-Maures erreichte. Jean glitt lautlos, ohne von jemandem gesehen worden zu sein, durch die leeren und ruhigen Straßen bis zum Gasthof seines Onkels Sandre.

Wie sollte er hineingelangen? Durch die Tür? Sicherlich nicht. Konnte man wissen, wer sich in dem großen Saal befand und ob dieser hinter der Tür sich nicht auf einen Feind werfen würde? Gehörte die Herberge denn überhaupt noch Marguerite? Warum sollte sie nicht nach all den Jahren, die vergangen waren, in andere Hände gefallen sein?

Glücklicherweise kannte Jean einen besseren und sichereren Weg als durch die Tür, um in das Haus zu gelangen. Es ist nicht selten, dass die Mas[1] Geheimeingänge besaßen, die den Besitzern erlaubten, unbemerkt ein- und auszugehen. Diese mehr oder weniger genialen Schlupflöcher sind sicherlich während der Religionskriege erfunden worden, die diesen Landstrich mit Blut und Feuer überzogen hatten. Nichts war für die Bewohner jener unruhigen Epoche natürlicher, als dass sie im Notfall nach Mitteln und Wegen gesucht hätten, ihren Feinden zu entkommen.

Das Geheimnis des Gasthofes, das dem Besitzer bestimmt unbekannt geblieben war, hatten Jean und Marguerite durch Zufall während ihrer Spiele entdeckt. Da sie stolz waren, allein davon zu wissen, hatten sie beschlossen, es niemandem zu verraten, wer es auch sei. Als sie größer wurden, dachten sie nicht mehr daran, sodass Jean zu Recht überzeugt war, den Mechanismus im Moment unversehrt vorzufinden.

Das Geheimnis bestand im drehbaren Rückteil des Kamins im großen Saal. Wie in vielen Häusern auf dem Land war dieser Kamin riesig, breit und tief genug, um mehreren Personen Unterschlupf zu gewähren. Der hintere Teil bestand aus zwei großen parallelen Eisenplatten, zwischen denen es einige Dezimeter Raum gab. Diese zwei Platten waren beweglich und konnten leicht per angebrachtem Griff mit einer Hand gedreht werden. Jeder, der davon wusste, und nur die Zuverlässigsten taten das, bekam also Zugang. Zuerst betrat man den Raum zwischen den zwei Platten, dann, nachdem man jene, durch die man eingetreten war, wieder schloss, ließ sich die andere öffnen und man gelangte von drinnen nach draußen oder umgekehrt.

Jean ging ums Haus herum und strich mit der Hand über die Mauern. Ohne viel Mühe fand er die äußere Platte. Nach ein paar Minuten erkannte er den Griff, den er im richtigen Sinn drehte. Offensichtlich hatte sich nichts verändert. Der

[1] Traditionelle weiße, kleine, provenzalische Häuser mit Ziegeldächern

Griff funktionierte und die Platte bewegte sich mit einem Knarren.

Jean schlüpfte durch diesen Gang und atmete auf, nachdem er ihn wieder geschlossen hatte.

Er handelte mit größter Vorsicht. Ein Lichtstrahl fiel durch die innere Platte ins Versteck, und das Geräusch einer Stimme drang aus dem großen Saal. Man schlief also noch nicht in der Herberge. Bevor er sich zeigte, musste er herausbekommen, mit wem man es zu tun hatte.

Unglücklicherweise konnte Jean nichts erkennen, obwohl er sein Auge an den Spalt der Platte drückte. Bereits ungeduldig, beschloss er, das Risiko einzugehen und sie aufzudrücken.

In genau diesem Moment brach ein Getöse im großen Saal los. Es ertönte zuerst ein schriller Schrei, ein Ruf in Todesangst, sofort gefolgt von einer Art Röcheln. Dann hörte man ein Keuchen, einem Blasebalg ähnlich, wie es zwei miteinander Ringende ausstoßen würden, das wiederum begleitet wurde vom Krachen umgeworfener Möbel.

Nach kurzem Zögern warf sich Jean auf den Öffner. Die Platte drehte sich und zeigte den Gemeinschaftssaal des Gasthofes in seiner ganzen Größe.

Dann zog Jean sich in den Schutz des den Kamin ausfüllenden Schattens und den Rauch einiger Holzscheite zurück, entsetzt von dem Schauspiel, das sich ihm bot.

Neuntes Kapitel

An dem schweren Tisch, der die Mitte des Saales einnahm, saß ein Mann, den ein hinter ihm stehender Mann mit ganzer Kraft würgte. Erster hatte, als er am Hals erfasst worden war, zunächst geschrien, dann geröchelt. Aus der Brust des zweiten stammte das raue Keuchen eines Athleten, der sich müht, seinen Gegner zu besiegen. Beim Kampf war ein Stuhl umgefallen.

Vor dem sitzenden Mann zeugten ein Tintenfass und Briefpapier davon, dass er dabei gewesen war zu schreiben, als sein

Feind ihn überrascht hatte. In Reichweite seiner Hand auf dem Tisch befand sich eine halb geöffnete Satteltasche, die voller Papiere war.

Diese Szene dauerte erst ungefähr eine Minute und näherte sich ihrem Ende. Schon hatte der Mann vor dem Schreibtisch aufgehört, sich zu wehren, und man vernahm nur noch den Atem des Mörders. Die Aktion konnte auch nicht andauern, denn der Schrei des Opfers war gehört worden. Draußen regte sich jemand. In einem Zimmer der ersten Etage, die über eine Holzgalerie zu erreichen war, auf die man wiederum über eine im großen Saal beginnende Treppe gelangte, stießen zwei nackte Füße schwer auf den Boden. Jemand war aufgestanden. Noch einen Moment und die Tür würde sich öffnen und ein Zeuge erscheinen.

Der Mörder erkannte die Gefahr. Seine Hände lockerten ihren Griff und wühlten, als der Kopf des Opfers auf den Tisch sank, in den Satteltaschen, aus denen sie Bündel von Banknoten nahmen. Dann sprang der Mann zurück und verschwand durch eine kleine Tür, die sich unter der Treppe befand und in den Keller führte. Eine Sekunde lang erschien sein Gesicht in hellem Licht. Mehr brauchte der völlig verwirrte Jean Morénas nicht, um ihn zu erkennen.

Es war der Mann, der dem unschuldigen Gefangenen aus den Fesseln geholfen, ihm Gold gegeben, ihn beschützt und bis auf wenige Kilometer an Sainte-Marie-des-Maures herangeführt hatte. Umsonst hatte er sich den falschen Bart und die Perücke, mit denen er sein Gesicht zu verändern versuchte, abgenommen. Die Augen, die Stirn, die Nase, der Mund, die Statur waren geblieben und konnten Jean nicht täuschen.

Aber das Fehlen des Bartes und der Perücke ließen etwas anderes, weitaus Überraschenderes deutlich zutage treten. In dem Mann, dem jetzt sein natürliches Äußeres zurückgegeben war, der sich gleichzeitig als sein Retter und als ein Mörder erwiesen hatte, erkannte Jean bestürzt seinen verloren geglaubten Bruder Pierre, den er seit fünfzehn Jahren nicht mehr gesehen hatte.

Aus welchen mysteriösen Gründen waren sein Bruder und sein Retter ein und dieselbe Person? Durch welchen seltsamen Zufall befand sich Pierre Morénas an just diesem Tag in der Herberge von Onkel Sandre? In welcher Absicht war er hier? Warum machte er diesen Ort zum Schauplatz seines Verbrechens?

Diese Fragen gingen Jean heftig durch den Kopf. Die Fakten sprachen ihre eigene Sprache.

Der Mörder war gerade verschwunden, als sich in der ersten Etage eine Tür öffnete.

Auf der Holzgalerie zeigte sich eine junge Frau, an die sich zwei Kinder in Schlafkleidung schmiegten und die ein drittes ganz kleines Kind in ihren Armen hielt. Jean erkannte Marguerite wieder. Marguerite mit ihren Kindern. Ganz offensichtlich ihren Kindern. Sie hatte also den Unschuldigen vergessen, der weit weg von ihr im Zuchthaus dahinsiechte. Der Unglückliche begriff sofort, wie eitel er in seiner Hoffnung gewesen war.

»Pierre, mein Pierre«, rief die junge Frau mit einer vor Furcht zitternden Stimme.

Plötzlich sah sie den am Tisch zusammengesunkenen Körper. Sie murmelte: »Oh, mein Gott.« Und kam mit ihrem Kind im Arm schnell die Treppe herab, während die beiden anderen ihr weinend folgten.

Sie rannte zu dem erwürgten Mann, hob seinen Kopf und stieß einen Seufzer der Erleichterung aus. Sie verstand nicht, was geschehen war, aber alles schien ihr besser als das, was sie befürchtet hatte. Der Tote war nicht ihr Mann.

Im selben Moment klopfte es an der Außentür und es erklangen mehrere Stimmen. Nicht wissend warum, aber voller Angst, wich sie, wie ein Tier, wenn es Gefahr wittert, in seinen sicheren Bau, zur Treppe zurück und blieb auf der ersten Stufe stehen. Ihre Kinder klammerten sich an ihren Rocksaum, das kleine lag weiterhin in ihren Armen.

Von ihrem Platz aus konnte sie die Tür, die in den Keller führte, nicht sehen. Sie sah also auch nicht, dass sich diese Tür einen Spalt öffnete und das Gesicht von Pierre Morénas freigab, das vor Angst entstellt war. Jean dagegen bot sich das Bild in seiner Gesamtheit: der tote Mann, Marguerite und ihre Kinder, Pierre, sein Bruder – ein Mörder – auf der Lauer, dem die Strafe für sein Verbrechen bedrohlich näher kam. In seinem Kopf wirbelte es. Jetzt verstand er.

Die Anwesenheit Pierres, seine Untat von heute, die unvollständige Anschuldigung seines Onkels Sandre erhellten die Vergangenheit. Der Mörder von heute war der Mörder von damals. Der Unschuldige hatte also für seinen schuldigen Bruder gebüßt. Dann, nachdem sich die Wogen geglättet hatten, war Pierre zurückgekommen, hatte die Liebe Marguerites erobert und zum zweiten Mal das Glück des Elenden zerstört, der unter dem harten Joch der Zuchthauswärter verzweifelte.

Nun aber. Es musste ein Ende haben! Jean musste nur ein Wort sagen, um das Schicksal, diese infame Richtstatt, umzukehren und sich ein für alle Mal für die erlittenen Torturen zu rächen. Ein Wort? … Nicht einmal. Er musste nur schweigen, in aller Stille, wie er erschienen war, verschwinden. Der Mörder konnte nicht entkommen. Er saß in der Falle. Bald würde auch er das Zuchthaus kennenlernen.

Und dann?

Jean hörte dieses Wort, als ob ein ironischer Gegenspieler es ihm ins Ohr gesagt hätte. Ja wirklich, was dann? Was geschähe, wenn Jean und Pierre alle beide die Sträflingskleider anziehen müssten? Würde ihm das sein verlorenes Glück wiederbringen? Ach! Und würde ihn Marguerite dafür endlich lieben, und würde sie diesen Mann, der im Moment unter der fürchterlichsten Angst litt, weniger lieben? Denn sie liebte ihn, sie liebte ihn abgöttisch, diese arme Frau. Ihre Stimme hatte es verraten, als sie Pierre rief. Es war noch jetzt ihrer Körpersprache zu entnehmen, aufrecht stehend, ihre Kinder an sich drückend, die Treppe mit ihrem Körper versperrend, als ob sie den Zugang zur Wohnung gegen eine unbekannte, aber spürbare Gefahr verteidigen wollte.

Wozu sollte Rache nun noch gut sein? … Brächte sie ihm ein unmögliches Glück? Würde sie ihn von der Verzweiflung erretten, wenn er seinerseits Marguerite hineinstürzte? Wäre es nicht besser, Folgendes zu tun: der, die er liebte, die Illusion ihres glücklichen Lebens lassen und den Schmerz, ach, allen Schmerz, an den er sich schon so lange gewöhnt hatte, für sich zu behalten? Wozu konnte sein trauriges Schicksal besser dienen? Er war ein Nichts und würde nie wieder etwas sein. Der Weg vor ihm war verschlossen und nichts blieb mehr zu hoffen.

Konnte sein hoffnungsloses Dasein einen besseren Sinn besitzen, als es für das Heil eines anderen Wesens zu geben, eines Wesens, dem sein Herz, dem sein Leben gehörten, dessen Glück sein Glück wäre?

Währenddessen drängte man von draußen unerbittlich herein. Die schwere Tür öffnete sich. Vier oder fünf Männer traten ein, rannten zum Opfer, dessen Gesicht sie anhoben.

»Guter Gott«, rief einer von ihnen, »das ist Monsieur Cliquet!«

»Der Notar!«, schrie ein anderer.

Sie drängten sich um den Tisch, auf dem das Opfer ausgestreckt lag. Seine Brust weitete sich plötzlich und ein tiefer Seufzer entrang sich seinen Lippen.

»Gott bewahre«, rief ein Bauer, »er ist nicht tot!«

Man besprengte das Gesicht des Notars mit kaltem Wasser. Fast sofort öffnete dieser die Augen. Jean seufzte tief. Der Mord war nicht gelungen.

Da das Opfer überlebt hatte, bedeutete das nur das Zuchthaus für den Mörder. Er hätte das Schafott vorgezogen.

»Wer hat Sie so zugerichtet, Monsieur Cliquet?«, fragte ein Bauer.

Der Notar, der unter Schmerzen atmete, tat durch eine Geste kund, er wisse es nicht. Er hatte seinen Angreifer nicht gesehen.

»Lasst uns suchen!«, schlug jemand vor.

In Wahrheit würden sie nicht lange suchen müssen. Der Schuldige war nicht weit und außerdem würde er dumm genug sein, sich selbst auszuliefern.

»Schurke!«, rief sie.

Pierre hatte, um die erste Verwirrung zu nutzen und das Weite suchen zu können, die ihn verbergende Tür weiter geöffnet. Schon hatte er den Fuß auf die Fliesen des Saals gesetzt, bereit, Anlauf zu nehmen. Zweifellos wäre er beim Entweichen geschnappt worden. Und selbst wenn er es geschafft hätte, wäre er einer anderen Gefahr nicht entgangen. Notwendigerweise hätte er an Marguerite, die ihren Platz nicht verlassen hatte und wie versteinert stand, vorbeilaufen müssen. Sie hätte verstanden.

Den Schuldigen zu retten, nützte wenig, wenn nicht das Glück Marguerites gleichzeitig zu retten war. Dafür müsste sie den, dem sie sich angetraut hatte, weiter lieben können. Sie durfte es nicht wissen, sie durfte es niemals wissen. … Wer weiß, vielleicht war es zu spät, vielleicht meldete sich hinter dieser Stirn, die ein geheimer Schrecken erbleichen ließ, der erste Verdacht.

Jean trat aus dem Schutz des Kaminschattens hervor ins Licht des Saals. Alle erkannten ihn sofort: Pierre und Marguerite, die ihn mit weit aufgerissenen Augen ansahen, und die fünf Bauern, deren Gesichter sowohl Sympathie der Vergangenheit wegen als auch unbezwingbare Abscheu vor diesem Verbrechen widerspiegelten.

»Sucht nicht«, sagte Jean, »ich habe das Verbrechen begangen!«

Niemand sagte etwas. Nicht, dass man es nicht geglaubt hätte. Das Geständnis war plausibel. Im Gegenteil, wer einmal tötete, tötete wieder. Aber es traf sie so unerwartet, dass die Überraschung den Leuten den Atem nahm.

Allerdings hatte sich die Szene nun in ihren Details geändert. Pierre trat aus der Tür, und ohne dass jemand auf ihn achtete, ging er zu Marguerite, die seine Anwesenheit nicht zu spüren schien. Sie hatte sich aufgerichtet, ihr Gesicht leuchtete in Glück und Hass. Glück darüber, dass ihr schrecklicher Verdacht zerstreut war, und Hass für den, dessen eingestandenes Verbrechen verantwortlich für ihre grausamen Gedanken gewesen war.

Jean schaute nur zu Marguerite. Die junge Frau rang die Fäuste gegen ihn und schrie:

»Schurke!«

Ohne zu antworten, drehte Jean den Kopf und reichte seine Arme den groben Griffen, die sich um sie schlossen. Man führte ihn ab. Die weit geöffnete Tür zeigte ein schwarzes Rechteck als Ausschnitt, das Jean voller Leidenschaft betrachtete. Auf diesem dunklen Hintergrund zeichnete sich ein grausames und liebliches Bild zugleich in präzisen Zügen ab. Unter einem strahlend blauen Himmel lag ein Kai, von der heißen Sonne beschienen … Und auf diesem Kai zogen Männer mit schweren Fußeisen ihre Bahnen. Aber unter ihnen strahlte ein entzückendes Bildnis, das Bildnis einer jungen Frau, die ein kleines Kind im Arm hielt.

Die Augen auf dieses Bild gerichtet, verschwand Jean in der Nacht.

Ein Schnellzug der Zukunft

»Achtung Stufe!«, rief mein Begleiter.

Vorsichtig stieg ich über die angekündigte Schwelle und betrat einen weiten, von blendenden elektrischen Lampen erleuchteten Raum; nur der Hall unserer Schritte durchbrach die Einsamkeit und Stille des Ortes. Wo war ich? Weshalb war ich hergekommen? Und wer war mein geheimnisvoller Führer? Lauter unbeantwortete Fragen. Ein langer Fußmarsch durch die Nacht, sich mit lautem Klang öffnende und schließende Eisentüren, scheinbar tief ins Erdinnere führende Treppen – das war alles, woran ich mich erinnern konnte. Mir blieb jedoch keine Zeit zum Nachdenken.

»Zweifellos fragen Sie sich, wer ich bin?«, sagte mein Begleiter. »Colonel Pierce, zu Ihren Diensten. Wo Sie sind? In Amerika, Boston – in einem Bahnhof.«

»In einem Bahnhof?«

»Ja, am Startpunkt der Pneumatischen Röhrenlinie von Boston nach Liverpool[1].«

Und mit einer erklärenden Handbewegung lenkte der Colo-

[1] Boston to Liverpool Pneumatic Tubes Company

nel meine Aufmerksamkeit auf zwei lange, etwa anderthalb Meter im Querschnitt messende Eisenzylinder, die einige Schritte weiter auf dem Boden lagen.

Ich betrachtete die zwei Zylinder, die auf der rechten Seite in einem Mauerwerk endeten und auf der linken mit metallenen Kappen geschlossen waren, von welchen verschlungene Röhren zur Decke führten, und plötzlich wurde mir der Sinn des Ganzen bewusst.

Hatte ich nicht vor Kurzem in einer amerikanischen Zeitung einen Artikel über dieses ungewöhnliche Projekt gelesen, bei dem Europa durch zwei gigantische unterseeische Röhren mit der Neuen Welt verbunden werden sollte? Ein Erfinder hatte behauptet, dieses Problem gelöst zu haben; und dieser Erfinder, Colonel Pierce, stand nun vor mir.

Ich rief mir den Inhalt des Artikels ins Gedächtnis.

Zuvorkommenderweise hatte der Journalist die Details der Unternehmung veröffentlicht. Demnach benötigte man Eisenröhren in einer Gesamtlänge von mehr als dreitausend Meilen und mit einem Gewicht von über 13 Millionen Tonnen, die wiederum von zweihundert Schiffen transportiert werden mussten – jedes Schiff mit einer Ladung von zweitausend Tonnen machte dabei 32 Fuhren. Er beschrieb, wie diese Armada der Wissenschaft den Stahl zu zwei Spezialschiffen beförderte, an deren Bord die Enden der einzelnen Röhrenstücke miteinander verbunden und mit einem dreifachen Eisenmantel umhüllt wurden, um sie schließlich mit einer Kautschukschicht gegen die Zersetzung durch das Meerwasser zu schützen.

Indem er zur Funktionsweise überging, schilderte der Journalist, wie der Erfinder die Röhren – die sich dadurch in eine Art Blasrohre von überdimensionaler Länge verwandelten – mit einer Reihe von Passagierwaggons bestückte, die von machtvollen Luftströmungen angetrieben wurden; ähnlich der Pariser Rohrpost.

Ein Vergleich mit der Eisenbahn beschloss den Artikel. Enthusiastisch zählte der Autor die Vorteile des neuen und kühnen Verkehrssystems auf. Ihm zufolge würde sich dank des fein

Die pneumatischen Röhren.

polierten Stahls, mit dem das Innere der Röhren ausgekleidet ist, jegliche nervöse Beklommenheit, die sich bei dieser Art des Reisens einstelle, leicht unterdrücken lassen; eine angenehme Temperatur erreiche man mit Luftzügen, durch welche die Wärme den Jahreszeiten entsprechend reguliert werden könne; zudem rechne man mit unglaublich niedrigen Fahrtpreisen, die sich aus der günstigen Konstruktion und kaum nennenswerten Produktionskosten ergäben. Jegliche Erwägungen bezüglich des Auftriebs oder der Abnutzung waren freilich vergessen oder beiseite geschoben worden.

All dies kehrte in meine Erinnerung zurück.

Nun, diese Utopie hatte offenbar Gestalt angenommen, und die beiden Eisenzylinder zu meinen Füßen durchquerten also den Atlantik bis zur englischen Küste!

Allem Anschein zum Trotz konnte ich nicht recht glauben, dass das Projekt Wirklichkeit geworden sein sollte. Dass man die Röhren verlegt hatte, war schwerlich zu bezweifeln; aber dass Menschen auf dieser Route reisen könnten – niemals!

»Ist es denn nicht unmöglich, allein eine Luftströmung dieser Länge zu erzeugen?«, gab ich meiner Meinung laut Ausdruck.

»Im Gegenteil, ziemlich einfach!«, behauptete Colonel Pierce. »Um dies zu erreichen, benötigt man lediglich eine große Zahl von Blasebälgen, wie man sie ähnlich in Hochöfen nutzt. Man kann dadurch die Luft mit einer praktisch unbegrenzten Kraft in die Röhren pressen und kommt leicht auf eine Geschwindigkeit von 1800 Stundenkilometern – fast so schnell wie eine Kanonenkugel! –, sodass unsere Wagen mit ihren Passagieren die Reise von Boston nach Liverpool innerhalb von zwei Stunden und vierzig Minuten bewältigen!«

»Achtzehnhundert Kilometer die Stunde!«, entfuhr es mir.

»... und nicht einen weniger. Bedenken Sie, was sich aus einer solchen Geschwindigkeit für außergewöhnliche Konsequenzen ergeben! Die Liverpooler Zeit ist der unseren um vier Stunden und vierzig Minuten voraus, d. h. ein Fahrgast, der Boston um neun Uhr morgens verlässt, trifft 15.53 Uhr in England ein. Na, ist das nicht eine zügige Reise? In der anderen Richtung nehmen unsere Waggons übrigens der Sonne über 900 Kilometer in der Stunde ab und machen dadurch die Erdrotation mehr als wett. Wenn er in Liverpool zur Mittagsstunde abfährt, ist der Passagier bereits 9.34 Uhr vormittags hier am Bahnhof – also bevor er startete! Haha! *Schneller* kann man wohl kaum reisen!«

Ich wusste nicht, was ich davon halten sollte. Redete ich mit einem Verrückten? – Oder sollte ich diesen märchenhaften Theorien allen Zweifeln zum Trotz trauen?

»Also gut, nehmen wir mal an!«, sagte ich. »Ich gestehe gern zu, dass Reisende diese irrwitzige Fahrt auf sich nehmen würden und dass Sie diese unglaubliche Geschwindigkeit erzeugen könnten. Doch wenn Sie die Wagen einmal so stark beschleunigt haben, wie wollen Sie sie dann wieder anhalten? Wenn sie stoppen, muss doch alles in Stücke zerbrechen!«

»Ganz und gar nicht«, erwiderte der Colonel schulterzuckend. »Zwischen unseren beiden Röhren – einer hin, einer zurück, dementsprechend mit entgegengesetzten Luftströmun-

Im Innern des Waggons.

gen betrieben – gibt es in regelmäßigen Abständen Verbindungsstücke. Nähert sich der Zug einer dieser Stellen, werden wir durch einen elektrischen Funken davon unterrichtet. Ließe man ihn, würde der Zug dank der einmal erreichten Beschleunigung unvermindert weiterfahren; doch durch simples Drehen einer Kurbel können wir die anders gerichtete Druckluft aus der Parallelröhre einströmen lassen und so allmählich das ursprüngliche Bewegungsmoment auf Null reduzieren, sprich: den Zug sanft stoppen. Doch wozu all diese Erklärungen? Wäre ein Selbstversuch nicht hundertmal besser?«

Und so, ohne eine Antwort auf seine Fragen abzuwarten, zog der Colonel kräftig an einem glänzenden Messingknauf, der seitlich aus einer der Röhren ragte. Eine Klappe schob sich geräuschlos nach hinten und gab den Blick auf eine Reihe Sitze frei, die jeweils zwei Personen bequem nebeneinander Platz boten.

»Der Waggon! Kommen Sie!«, rief der Colonel.

Ich folgte ihm widerspruchslos, und unverzüglich schloss sich die Schiebeklappe wieder.

Im Licht einer elektrischen Lampe an der Decke betrachtete ich den Waggon, in dem ich mich befand.

Einfacher ging es kaum: ein langer, komfortabel gepolsterter Zylinder, in welchem sich fünfzig Sitze befanden, die in 25 Reihen zu je zwei Plätzen angeordnet waren. An jeder Seite regulierte ein Ventil den Luftdruck, das an einem Ende ließ atembare Luft in den Waggon, das am anderen Ende verbrauchte Luft wieder hinaus.

Nach ein paar Minuten der aufmerksamen Untersuchung wurde ich ungeduldig.

»Nun«, fragte ich, »wollen wir nicht losfahren?«

»Losfahren?«, lachte der Colonel. »Wir sind längst unterwegs!«

Ein solcher Start ohne den leisesten Ruck, war das möglich? Ich lauschte angestrengt und versuchte, irgendein Geräusch zu erhaschen, das mich hätte leiten können.

Falls wir tatsächlich schon gestartet waren – und falls der Colonel mich mit seinen achtzehnhundert Stundenkilometern nicht beschummelt hatte –, so mussten wir uns bereits weit vor der Küste unter dem Meer befinden, über unseren Köpfen die schaumbekrönten Wellen. Vielleicht attackierten gerade in diesem Moment ein paar Wale unser lang gestrecktes Eisengefängnis mit ihren machtvollen Schwanzflossen, weil sie es für irgendeine unbekannte, monströse Seeschlange hielten!

Doch außer einem dumpfen Grummeln, das zweifellos von der Bewegung unseres Zuges erzeugt wurde, konnte ich nichts hören, und so saß ich, unfähig zum Glauben an die Wirklichkeit des Erlebten, still auf meinem Stuhl und ließ die Zeit verrinnen.

Nach etwa einer Stunde holte mich ein etwas Kühles auf meiner Stirn aus der trägen Starre, in die ich nach und nach versunken war.

Ich betastete meine Augenbraue: Sie war feucht.

Feucht! Wie das? War die Röhre unter dem Wasserdruck

zerborsten – einem nicht unerheblichen Druck, der bekanntlich alle zehn Meter Tiefe um ein Bar zunahm? War der Ozean über uns eingebrochen?

Entsetzen ergriff mich. Panisch versuchte ich, nach Hilfe zu rufen – und – und – fand mich in meinem Garten wieder, reichlich vom Regen genässt, dessen dicke Tropfen mich geweckt hatten. Ich war einfach nur eingeschlafen, während ich den Artikel las, den ein amerikanischer Journalist den fantastischen Projekten von Colonel Pierce gewidmet hatte, welcher, so befürchte ich, sich ebenfalls nur in einem Traum befand.

Gil Braltar
(Übersetzung von 1887/88)

I

Sie waren an sieben- bis achthundert Leute versammelt. Robuste, bewegliche Gestalten, welche im letzten Scheine der Sonne, die sich anschickte, hinter den Bergen zu verschwinden, kampierten. Die rote Scheibe verschwand alsbald und es dunkelte inmitten des von den fernen Sierras umgebenen Bassins.

Plötzlich erhob sich die ganze Truppe. Ihr Anführer war auf dem Rücken eines mageren Esels angelangt. Von dem Militärposten aus, welcher an der äußersten Spitze des enormen Felsens gelegen war, konnte man nichts von dem wahrnehmen, was unter den Bäumen vorging.

»Sriss! … Sriss!«, rief jetzt der Anführer, dessen dicke Lippen diesem Ausrufe eine außerordentliche Intensität gaben.

»Sriss! … Sriss!«, wiederholte die fremdartige Truppe in vollkommenem Ensemble.

Ein merkwürdiges Wesen, dieser Anführer! Von hoher Statur, mit einem Affenfell bekleidet, das Haupt mit wirren Haaren bedeckt, das Gesicht von einem kurzen Barte umrahmt, die Füße nackt mit harten Sohlen, wie der Huf eines Pferdes.

Er erhob den rechten Arm und deutete nach dem unteren Teile des Berges. Alle wiederholten diese Geste mit militärischer oder besser gesagt mechanischer Präzision – wahre Marionetten, welche durch dieselbe Kraft bewegt werden. Er ließ den Arm sinken. Sie taten dasselbe. Er beugte sich zur Erde. Sie beugten sich gleichfalls. Er hob einen festen Stab auf und zerbrach ihn, und auch sie zerbrachen ihre Stöcke. –

Dann wandte sich der Anführer um, schlich unter die Gräser und kroch unter den Bäumen fort. Die Truppe folgte ihm kriechend.

In weniger als zehn Minuten waren die Fußpfade des Berges, welche der Regen gefurcht hatte, erreicht, ohne dass der Sturz eines Kiesels die Gegenwart dieser Truppe verraten hätte.

Eine Viertelstunde später blieb der Anführer stehen. Alle standen stille, als ob sie angewurzelt wären.

Zweihundert Meter unter ihnen tauchte die Stadt auf. Zahlreiche Lichter erhellten die Häuser, die Villen, die Kasernen. Jenseits derselben erblickten sie die Rauchfänge der Kriegsschiffe, die Feuer der Handelsgebäude, welche sich im ruhigen Meere widerspiegelten. Noch entfernter, an dem äußersten Punkte Europas, warf der Leuchtturm seine blendenden Strahlen aus.

In diesem Momente erschütterte ein Kanonenschuss die Luft. Es war *The First Gunfire*[1] aus einer der Festungsbatterien. Und alsbald ließ sich Trommelwirbel, untermischt mit dem schrillen Klange der Querpfeifen, vernehmen.

Es war das Zeichen des Zapfenstreiches, dass sich alles in die Wohnungen zurückziehe. Kein Fremder hatte mehr das Recht, in der Stadt umherzuwandeln, ohne von einem Garnisonsoffizier eskortiert zu werden. Es war auch ein Zeichen für die Schiffe, das Ufer zu gewinnen, ehe der Hafen gesperrt wurde. Von Viertelstunde zu Viertelstunde zirkulierten die Patrouillen, welche die Verspäteten und die Trunkenbolde zur Wache führten. Dann ward alles still.

General Mac Macmale[2] konnte ruhig schlafen. Es schien nicht, als ob England diese Nacht etwas für die Besatzung Gibraltars zu fürchten hätte. –

[1] Der erste Kanonenschuss. *(Anm. d. Übers.)*

[2] In der vorliegenden Übersetzung trägt der General, wohl aufgrund der Zweideutigkeit in der deutschen Sprache, den Namen Mac Macmale. Dieser Name wurde für den vorliegenden Abdruck beibehalten und nicht in das originale Mac Kackmale abgeändert.

II

Man weiß, was dieser riesige Felsen zu bedeuten hat, welcher vierhundertfünfundzwanzig Meter hoch ist und auf einer zwölfhundertfünfundvierzig Meter breiten und viertausenddreihundert Meter langen Basis ruht. Er gleicht einigermaßen einem enormen ruhenden Löwen, den Kopf Spanien zugerichtet, die Rückseite an das Meer gelehnt. Sein Antlitz weist die Zähne – siebenhundert Kanonen in einer Reihe. Diese Zähne würden scharf beißen, wenn man den Löwen reizt. England ist dort sehr fest postiert, wie in Perin, in Aden, Malta oder Hongkong; ebenso viele Felsen, aus welchen es eines Tages, durch den Fortschritt der Mechanik, Drehfestungen machen wird.

Haben die Spanier es aufgegeben, dieses Stück ihrer Halbinsel wieder zu erobern? Ja, ohne Zweifel, denn es scheint weder zu Wasser noch zu Lande einnehmbar zu sein.

Dennoch gab es einen, welchen der unwiderstehliche Gedanke plagte, diesen Felsen wiederzugewinnen. Das war der Anführer der Truppe, ein bizarres Wesen, man kann sogar sagen: Ein Verrückter. Dieser Hidalgo[1] nannte sich Gil Braltar, ein Name, welcher ihn seiner Meinung nach ohne Zweifel für diese patriotische Eroberung prädestinierte. Sein Hirn konnte diesem Gedanken nicht widerstehen, sein Platz wäre eigentlich im Irrenhause. Man kannte ihn gut. Man wusste jedoch seit zehn Jahren nicht, was aus ihm geworden sei. Vielleicht irrte er durch die Welt? In Wirklichkeit hatte er jedoch seine väterliche Domäne nicht verlassen. Er lebte dort wie ein Troglodyte[2], unter dem Gehölz, in Höhlen und am häufigsten in jenen unnahbaren Grotten von San-Miguel, welche wie man sagt, mit dem Meere in Verbindung stehen. Man glaubte ihn tot. Und dennoch lebte er, aber nach Art jener Wilden, welche der menschlichen Vernunft beraubt sind, welche nur ihrem tierischen Instinkte folgen. –

---

[1] Einfacher Adliger ohne speziellen Titel.

[2] Höhlenbewohner.

III

Er schlief gut, der General Mac Macmale, länger als es die Ordonanz[1] zulässt. Mit seinen unendlich langen Armen, seinen runden, tiefliegenden Augen, seiner grinsenden Physiognomie, den hervorstehenden Backenknochen war er von einer bemerkenswerten Hässlichkeit – selbst für einen englischen General. Ein wahrer Affe, ausgezeichneter Soldat übrigens, trotz seiner affenartigen Erscheinung.

Ja! Er schlief in seiner komfortablen Behausung der Main-Street, welche die Stadt vom Meereshafen bis zum Hafen von Alameda durchschneidet. Vielleicht träumte er davon, dass sich England Ägyptens, der Türkei, Hollands, Afghanistans, Sudans, des Boer-Landes[2] bemächtigte, mit einem Worte aller Punkte des Globus nach Belieben – und das in einem Momente, wo es Gefahr lief, Gibraltar zu verlieren.

Die Türe des Zimmers öffnete sich plötzlich.

»Was gibt es?«, frug General Mac Macmale, sich im Bette aufrichtend.

»Mein General!«, antwortete der Flügeladjutant[3], welcher wie eine Bombe hereinplatzte, »die Stadt ist belagert!«

»Die Spanier? …«

»Man muss es glauben!«

»Sie hätten es gewagt! …«

Der General beendete den Satz nicht. Er erhob sich, warf sich in seine Kleider, zog die Stiefel an, umgürtete seinen Degen, indem er sagte:

»Was ist das für ein Lärm, den ich höre?«

»Der Lärm von Felsstücken, welche wie ein Hagelwetter auf die Stadt fallen.«

---

[1] Der Begriff Ordonanz hatte und hat im militärischen Sprachgebrauch unterschiedliche Bedeutung. Hier ist er im Sinne von Dienstvorschriften zu verstehen.

[2] Der ehemals vorwiegend von Holländern besiedelte Teil von Südafrika.

[3] Offizier, der einem befehlenden General zu persönlichen Diensten abkommandiert ist.

»Sind diese Spitzbuben zahlreich? …«

»Sie müssen es sein.«

»Ohne Zweifel haben sich alle Banditen der Küste zu diesem Handstreich vereinigt: Die Schmuggler von Ronda, die Fischer von San-Roque, die Flüchtlinge, welche in den Dörfern plündern? …«

»Das ist zu fürchten, Herr General!«

»Und ist der Gouverneur verständigt?«

»Nein! Es ist unmöglich, in seine Villa am Endpunkte Europas zu gelangen. Der Hafen ist besetzt, die Gassen sind voll von Aufständischen!«

»Und die Kaserne des Meereshafens?«

»Keine Möglichkeit, dahin zu gelangen! Die Artilleristen müssen in ihrer Kaserne zerniert[1] sein!«

»Wie viel Mann haben Sie? …«

»Einige und zwanzig[2], mein General, Flüchtlinge des 3. Regiments.«

»Bei Sankt Dunstan!«, schrie Mac Macmale. »Gibraltar den Engländern von jenen Orangenverkäufern entrissen! … Das wird nicht sein! … Nein! Das wird nicht sein!«

In diesem Momente trat ein bizarres Wesen zur Tür herein, welches den General an der Schulter fasste.

IV

»Übergeben Sie sich[3]«, rief es mit rauer Stimme aus, was mehr einem Gebrüll, als einer menschlichen Stimme glich.

Einige Leute, welche dem Flügeladjutanten gefolgt waren, warfen sich auf diesen Menschen und erkannten ihn.

»Gil Braltar!«, riefen sie aus.

---

[1] Eingekesselt, umzingelt, von der Außenwelt abgeschnitten.

[2] Entweder handelt es sich hier um eine regionale Eigenart des Dialekts, oder der Setzer hat das »und« zu viel gesetzt und es soll nur »einige zwanzig« heißen.

[3] Heute eine in diesem Zusammenhang sicherlich etwas merkwürdig anmutende Redewendung für »Ergeben Sie sich!«

Er war es in der Tat, der Hidalgo, an welchen man seit langer Zeit nicht mehr dachte, der Wilde der Grotten von San-Miguel.

»Übergeben Sie sich!«, heulte er.

»Niemals!«, antwortete der General Mac Macmale.

Plötzlich, als ihn die Soldaten umringten, ließ Gil Braltar ein langgezogenes »Sriss« hören. –

Alsbald ward der Hof des Hauses, dann das Haus selbst von einer drängenden Masse erfüllt ...

Würde man es glauben, es waren Menschen in Affengestalt! Hunderte solcher Leute! Kamen sie, um den Engländern diesen Felsen wegzunehmen, diesen Berg, welchen die Engländer lange vor den Spaniern okkupierten[1]?

Ja, in der Tat! Und sie waren furchtbar durch ihre Anzahl, diese ungeschwänzten Affen, diese waghalsigen Wesen, welche enorme Steine auf die Stadt niederrollen ließen!

Und jetzt waren sie die Soldaten eines Narren, ebenso wild wie sie, jenes Gil Braltar, welchen sie kannten, der ein unabhängiges Leben führte, dieses affenartigen Wilhelm Tell, dessen ganze Existenz sich in dem einen Gedanken konzentrierte: Die Fremden von dem spanischen Gebiete zu verjagen!

Welche Schande für England, wenn der Streich gelang! Wenn diese Katastrophe eintritt, dann hätte General Mac Macmale nichts mehr zu tun, als sich eine Kugel durch den Kopf zu jagen. Man überlebt eine solche Schande nicht!

Ehe jedoch die durch den Ruf des Anführers herbeigelockte Truppe das Zimmer erreichen konnte, hatten sich einige Soldaten auf Gil Braltar gestürzt. Der Narr, mit außergewöhnlicher Kraft begabt, widerstand, und nur mit Mühe gelang es, ihn zu bändigen. Kurze Zeit darauf begab sich Mac Macmale hinaus, entschlossen, zu siegen oder zu sterben, wie die militärische Formel lautet.

Aber draußen war die Gefahr nicht kleiner. Schüsse fielen in der Main-Street[2] und auf dem Handelsplatze. Die Zahl der

[1] Besetzten, eroberten.

2Im Originaldruck an dieser Stelle ohne den Artikel »der«; möglicherweise Setzfehler oder auch dem regionalen Dialekt geschuldet.

Wilden war aber eine so große, dass die Garnison von Gibraltar nahe daran war, ihnen den Platz zu überlassen.

Plötzlich erfolgte aber ein Umschwung. Bei dem Scheine einiger Fackeln, welche den Hof erhellten, konnte man die Wilden im Rückzuge begriffen sehen. An der Spitze ihrer Truppe schritt der Anführer, den Stock schwingend. Alle ahmten die Bewegungen seiner Arme und Füße nach und folgten ihm.

Konnte sich Gil Braltar seiner Fesseln entledigen und dem Zimmer entfliehen, in welchem er bewacht wurde? Es war nicht daran zu zweifeln. Doch wohin lenkte er jetzt seine Schritte? Begab er sich an den Endpunkt Europas, zur Villa des Gouverneurs, um ihm zuzurufen, dass er sich übergebe, wie er es dem General gegenüber tat?

Nein! Der Narr und seine Truppe stiegen die Main-Street[1] hinab; dann, nachdem sie das Tor von Alameda durchschritten hatten, setzten sie über den Felsweg hinunter.

Eine Stunde später blieb in der Stadt keiner der Eindringlinge zurück.

Was war geschehen?

Man wusste es alsbald, als der General Mac Macmale in der Stadt erschien.

Er war es, der, die Stelle des Narren vertretend, den Rückzug der Truppe bewerkstelligte, nachdem er sich mit dem Affenfell des Gefangenen bekleidet hatte. Er glich so sehr einem Affen, dieser wackere Krieger, dass selbst die Wilden sich getäuscht hatten. Er brauchte nur zu erscheinen, um sie seiner Spur folgen zu machen!

Ganz einfach eine geniale Idee, welche alsbald durch die Übersendung des St. Georgskreuzes belohnt wurde.

Was Gil Braltar betrifft, so überließen ihn die Engländer gegen Entschädigung an einen Barnum, welcher sich bereichert, indem er ihn durch die Hauptstädte der alten und neuen Welt spazieren führt. Dieser Barnum lässt sogar gern verlauten, dass

[1] Im Originaldruck an dieser Stelle ohne den Artikel »die«; möglicherweise Setzfehler oder auch dem regionalen Dialekt geschuldet.

es nicht der Wilde von San-Miguel ist, den er ausstellt, sondern der General Mac Macmale in Person.

Jedenfalls war dieses Abenteuer eine Lektion für die Regierung Ihrer britischen Majestät. Sie begriff es, dass, wenn Gibraltar nicht durch die Menschen eingenommen werden kann, es den Affen preisgegeben ist. England hat auch sehr praktisch beschlossen, von nun an nur den hässlichsten seiner Generale hinzuschicken, damit die Wilden wieder getäuscht werden können.

Diese Maßregel sichert England wahrscheinlich für immer den Besitz Gibraltars.

Gil Braltar

(Übersetzung von 1891)

Da waren wenigstens 700 bis 800 Mann von mittlerem Wuchse, aber großer Körperstärke, wie geschaffen zur Verteidigung der Grenze. Sie sonnten sich in den letzten Strahlen des untergehenden Tagesgestirnes in einem Kessel, der in der Ferne von den Bergen begrenzt war.

Eben war die Sonne untergegangen und die Dunkelheit brach rasch herein, als die ganze Schar in Bewegung kam, denn der Anführer war gekommen.

»Sriss! Sriss!«, stieß der Anführer einen pfeifenden Ton aus.

»Sriss … Sriss!«, wiederholte diese sonderbare Schar.

Ein eigentümlicher Mann war dieser Anführer! Auf einem mageren Esel saß er, bekleidet mit einer Affenhaut, den Kopf bloß, mit wirrem Haare, am Gesicht einen ungepflegten Bart, nackte Füße.

Er hob den Arm und zeigte gegen den Berg hinab. Alle wiederholten diese Bewegung; er ließ den Arm fallen. Das gleiche tat die Schar. Dann bückte er sich und hob einen Stock auf, den er in der Luft schwang. Dasselbe taten die Männer. Dann drehte sich der Anführer um, glitt zwischen dem Grase hin; die ganze Schar folgte. In weniger als 10 Minuten waren die Pfade des Berges erklommen, ohne dass ein fallender Kieselstein den Marsch dieser Leute verraten hätte.

Nach einer Viertelstunde hielt der Anführer, und ebenso blieb die ganze Schar wie festgebannt stehen. Ungefähr 200 Meter unterhalb erschien die Stadt. Lange Lichter ließen das Häusergewirr von Kasernen, Villen, Gebäuden, Molos[1] erkennen; darüber spiegelten sich Kriegs-, Handelsschiffe und Pontons in dem Wasser ab: noch weiter, am äußersten Punkte Europas, warf der Leuchtturm sein Strahlenbündel auf die Meerenge.

In diesem Augenblicke ertönte ein Kanonenschuss, und zu gleicher Zeit ließ sich Trommelschlag und Pfeifenton vernehmen. Es hat die Stunde des Zapfenstreiches. Kein Fremder hatte mehr das Recht, die Stadt zu durcheilen. Von Viertelstunde zu Viertelstunde durchzogen Patrouillen, welche die Verspäteten und Betrunkenen auf die Wache führten, die Straßen; dann versank alles in Schweigen. Der General Mac Kackmale konnte ruhig schlafen, denn es schien nicht, dass England in dieser Nacht etwas für seine Meerenge von Gibraltar zu fürchten hatte.

Man weiß, welche Bedeutung dieser furchtbare, 425 Meter hohe Felsen hat, der ein wenig einem riesigen lauernden Löwen gleicht, den Kopf auf der Seite Spaniens, den Schweif im Meere. Sein Gesicht zeigt die Zähne – 700 Kanonen in den Spalten – die Zähne der Alten, wie man sagt. Eine Alte, die furchtbar beißen würde, wenn man sie neckte. Auch hier hat England eine feste Stellung, wie in Perin, Aden, Malta, Hongkong, ebenso viele Felsen, aus denen es eines Tages mit den Fortschritten der Mechanik drehbare Festungen machen wird.

Unterdessen versichert Gibraltar dem Vereinigten Reiche eine unleugbare Herrschaft über die 18 Kilometer breite Meerenge, welche die Keule des Herkules zwischen Abila und Calpe geöffnet hat. Haben die Spanier verzichtet, dieses Stück ihrer

---

[1] Molos ist österreichisch für »Molen«, also Hafenmauern.

Halbinsel wieder zu gewinnen? Ja, ohne Zweifel, denn es scheint zu Wasser und zu Lande uneinnehmbar zu sein.

Aber es gab doch einen, der den Gedanken hegte, diesen Felsen wieder zu erobern, nämlich den Anführer der Schar, ein sonderbares Wesen, vielleicht ein Verrückter. Dieser Hidalgo hieß Gil Braltar, ein Name, der ihn nach seiner Meinung zur Eroberung dieses Platzes bestimmt zu haben schien. Man kannte ihn wohl, aber seit 10 Jahren wusste man nicht, was aus ihm geworden war.

Vielleicht irrte er in der Welt umher? In Wirklichkeit hatte er seinen Geburtsort nicht verlassen. Er lebte dort in Höhlen, in hohlen Bäumen und besonders in den fast unzugänglichen Grotten, die, wie man sagt, mit dem Meere in Verbindung stehen. Man hielt ihn für tot. Aber er lebte, freilich nach der Art der Wilden, die jeder Vernunft entblößt sind und nur dem tierischen Instinkte gehorchen.

General Mac Kackmale schlief ruhig auf seinen beiden Kissen. Mit seinen langen Armen, runden Augen, versteckt hinter buschigen Augenbrauen, dem struppigen Barte, dem grinsenden Gesichte mit dem vorspringenden Kinn, war er von einer außerordentlichen Hässlichkeit, selbst für einen englischen General. Ein wahrer Affe, aber dabei ein tüchtiger Soldat.

Ja, er schlief ruhig in Main-Street, jener krummen Straße, welche die Stadt von Porte de Mer bis Porte de l'Alameda durchschnitt. Vielleicht träumte er, dass England sich Ägyptens, der Türkei, Hollands, kurz aller Länder der Erde bemächtigte, und das gerade in dem Augenblicke, wo der Besitz von Gibraltar auf dem Spiele stand.

Die Türe des Zimmers wurde rasch aufgemacht.

»Was gibt es?«, frug Mac Kackmale.

»Herr General«, antwortete der Adjutant, der hereingestürzt kam, »die Stadt ist verraten!« …

»Die Spanier?«

»Man muss so annehmen!«

»Sie würden gewagt haben!« …

Der General vollendete den Satz nicht. Er sprang aus dem Bette, warf sich schnell in die Kleider, schnallte den Degen um.

»Was ist das für ein Lärm?«, frug er.

»Das ist der Lärm der Felsenviertel, die wie eine Lawine auf die Stadt stürzen.«

»Sind die Schufte zahlreich?«

»Sie müssen es sein.«

»Ohne Zweifel haben sich zu diesem Handstreich alle Strandräuber vereinigt. Die Schmuggler von Ronda, die Fischer von San Roque, die Flüchtlinge in den Dörfern.«

»Herr General, sie sind zu fürchten!«

»Ist der Gouverneur in Kenntnis gesetzt?«

»Nein! Es ist unmöglich, bis zu seiner Villa, auf dem letzten Punkt von Europa, vorzudringen. Die Tore sind besetzt, die Straßen sind voll Feinde!«

»Und die Kaserne *›La Porte de Mer?‹*«

»Unmöglich, dahin zu gelangen! Die Artillerie muss in ihrer Kaserne umzingelt sein.«

»Wie viele Leute haben Sie bei sich?«

»Etwa 20, Herr General, Infanteristen vom 3. Regiment, die noch entwischen konnten.«

»Bei dem heiligen Dunstan!«, rief Mac Kackmale aus, »Gibraltar sollte England von diesen Orangenverkäufern entrissen werden? … Das gibt es nicht … Nein! Das gibt es nicht!«

In diesem Augenblicke wurde die Türe des Zimmers aufgestoßen und ein sonderbares Wesen sprang dem General auf die Schultern.

»Ergib dich!«, rief es mit einer heiseren Stimme, die mehr einem Brüllen als einer menschlichen Stimme ähnelte. Einige Soldaten aus dem Gefolge des Adjutanten wollten sich auf den Eindringling werfen, den sie sogleich erkannten.

»Gil Braltar!«, riefen sie.

Es war in der Tat er, der Hidalgo, an den man schon nicht mehr gedacht hatte, der Wilde aus den Grotten von San Miguel.

»Ergib dich!«, rief er.

»Niemals«, erwiderte Mac Kackmale.

In diesem Augenblicke umringten ihn die Soldaten, und Gil Braltar ließ ein scharfes, langes »Sriss« hören. Sofort füllte sich der Hof, sogar die Wohnung mit einer eindringenden Schar ... Was glaubte man? Von Monos, Affen, und zwar zu Hunderten. Kamen sie also, um den Engländern diesen Felsen zu entreißen, dessen rechtmäßige Besitzer sie waren, diesen Felsen, den sie so lange vor Spanien, lange bevor Cromwell an die Eroberung gedacht hatte, besessen hatten? Ja, in der Tat.

Und diese Affen ohne Schwanz waren furchtbar durch ihre Zahl, mit denen man nur dadurch auf gutem Fuße lebte, dass man ihre Streiche duldete, diese kühnen, intelligenten Geschöpfe, die man zu beleidigen sich hütete, dass sie furchtbare Rache nahmen – was einige Male vorkam – indem sie Felsstücke auf die Stadt herunterstürzten. Und jetzt waren diese Affen die Soldaten eines Verrückten, eines Wilden wie sie, dieses Gil Braltars, den sie kannten, der so frei lebte wie sie, dieses Wilhelm Tell, dessen ganze Existenz sich in diesen Gedanken konzentrierte: »Hinaus mit den Fremden vom spanischen Boden!«

Welche Schande für Großbritannien, wenn dieser Versuch gelang! Die Engländer, die Sieger von Indien, Abessinien, Australien usw., sollten diesen Affen unterliegen! Wenn eine solche Katastrophe eintrat, so bliebe dem General May Kackmale nichts anders übrig, als sich eine Kugel durch den Kopf zu schießen. Eine solche Schande könnte er nicht überleben.

Aber bevor die Affen, gerufen durch das Pfeifen ihres Anführers, in das Zimmer stürzten, hatten sich einige Soldaten auf Gil Braltar geworfen, der sich mit furchtbarer Kraft wehrte. Seine geborgte Haut wurde ihm in diesem Kampfe heruntergerissen, und er blieb fast nackt in einem Winkel, wo er sich nicht rühren noch hören lassen konnte. Nach einigen Augenblicken stürzte der General hinaus, entschlossen zu siegen oder zu sterben.

Aber die Gefahr war draußen nicht weniger groß. Ohne Zweifel hatten einige Infanteristen aus der Kaserne Porte de

Mer die feindliche Linie durchbrechen können, denn man hörte einige Schüsse in der Main-Street. Aber die Monos waren in einer solchen Anzahl, dass die Garnison doch hätte weichen müssen. Und wenn die Spanier gemeinsame Sache mit den Affen gemacht hätten, so wären bald die einzelnen Forts gefallen, und die Engländer hätten diesen Platz nie mehr erobert.

Plötzlich trat eine sonderbare Wendung ein. Bei dem Scheine einiger Fackeln, die den Hof erleuchteten, sah man die Affen den Rückzug antreten, indem an der Spitze der Schar ihr Anführer, den Stock schwingend, marschierte. Alle ahmten ihn in der Bewegung der Hände und Beine nach. So hatte sich Gil Braltar von seinen Fesseln losmachen, dem Zimmer, wo man ihn bewachte, entrinnen können. Man konnte nicht mehr daran zweifeln. Aber wohin wandte er sich jetzt? Marschierte er gegen die Villa des Gouverneurs, um ihn ebenso zur Übergabe aufzufordern wie den General? Nein! Der Verrückte und seine Anhänger zogen die Main-Street hinab, dann zum Ponte d'Alameda hinaus, und alle marschierten durch den Park und stiegen die Abhänge des Berges hinauf.

Nach einer Stunde war nicht ein Affe mehr in Gibraltar. Wie war das zugegangen? Man erfuhr es bald, als der General Mac Kackmale am Rande des Parks erschien. Er hatte nämlich die Rolle des Verrückten übernommen, indem er sich schnell in die Affenhaut des Gefangenen gehüllt hatte. So sah er denn einem Affen derart ähnlich, dass sich die Monos täuschen ließen. So führte er die ganze Schar zur Stadt hinaus.

Diese herrliche Idee wurde bald darauf mit dem Orden des hl. Georg belohnt. Was nun Gil Braltar anbelangt, so trat ihn das britische Reich einem Barnum ab, der ihn den Städten der alten und neuen Welt herumzeigte und damit ein Vermögen erwarb. Er sagte nämlich gern, dass dies nicht der Wilde von San Miguel wäre, sondern der General Mac Kackmale.

Nun, dieses Abenteuer war eine gute Lehre für die Regierung. Sie hat eingesehen, dass, wenn Gibraltar nicht von Menschen eingenommen werden könne, so doch von der Gnade der Affen abhänge. Auch hat seitdem England beschlossen, stets die hässlichsten Generale nach Gibraltar zu senden, damit die Affen sich wiederum täuschen.

Diese Maßregel sichert England wahrscheinlich für immer den Besitz von Gibraltar.

Der Schnellzug der Zukunft

(Übersetzung von 1905)

»Achtung!«, rief mein Begleiter, »hier ist eine Treppe.«

Ich stieg die Treppe hinunter und befand mich in einem lang gestreckten Saal, der hell erleuchtet war durch eine Anzahl elektrischer Lampen mit blendend strahlenden Reflektoren. Es herrschte in diesem Saal eine tiefe, feierliche Stille. Keine Menschenseele war zu sehen. Wo war ich? Was wollte ich hier? Wer war nur mein geheimnisvoller Begleiter? Alle diese Fragen, die ich mir stellte, blieben ohne Antwort. Wir gingen noch einige Zeit durch dunkle Gänge, stiegen Treppen hinab, kamen von einem Raum in den anderen durch metallene Türen, welche schwer hinter uns zufielen.

»Sie denken sicherlich darüber nach, Herr Verne, in wessen Hände Sie eigentlich gefallen sind, nicht wahr?«, nahm mein Führer das Wort. »Sie gestatten deshalb, dass ich mich Ihnen vorstelle: Ich bin der Colonel Pierce.«

»Sehr angenehm. Aber wo bin ich hier?«

»Hier? Sie sind in Boston, in Amerika, in einer der Stationen.«

»Stationen? Was für Stationen?«

»Ja, in der Station der Boston-Liverpool-Pneumatic-Tubes Company.«

Und mit einer erklärenden Handbewegung wies der Colonel auf zwei lange, nebeneinanderliegende eiserne Zylinder hin, deren Öffnungen von etwa anderthalb Meter Durchmesser aussahen, wie die Eingänge zu zwei kleinen Tunneln. Ich betrachtete mit Erstaunen diese riesigen eisernen Röhren, die in einer festen Mauer zu verschwinden schienen. Mit einem Mal ging mir ein Licht auf. Vor einiger Zeit hatte ich in amerikanischen Zeitungen gelesen, dass ein gewisser Colonel Pierce sich als Erfinder einer Verbindung zwischen der alten und der neuen Welt angemeldet hatte. Dieser stolze Erfinder wollte nämlich den Riesenplan zur Ausführung bringen, Europa und Amerika durch zwei unterseeische Tunnel zu verbinden. Denselben Herrn Pierce hatte ich also vor mir. In Gedanken las ich noch einmal die Einzelheiten jener Artikel durch, und mir schossen wieder die ungeheuren Zahlen durch den Kopf, von denen dort die Rede gewesen war. Sechzehnhunderttausend Kubikmeter Stahl zu einem Gesamtgewicht von dreizehn Millionen Tonnen; welche dreiunddreißig Mal die Reise zwischen Europa und Amerika unternehmen mussten, um das Material nach den beiden Hauptschiffen zu bringen, die an der amerikanischen und englischen Küste stationiert waren und auf denen sich die beiden äußeren Enden des anzulegenden Eisentunnels befanden. Dieser Tunnel sollte aus aneinander geschraubten Stücken von drei Meter Länge bestehen, während das Ganze in ein dreifaches Netzwerk von Stahl und in einen Mantel von guttaperchaartigem Stoff eingehüllt war.

In diesen Riesenröhren nun sollte eine Reihe Waggons angebracht werden, die durch künstlichen Luftdruck, ähnlich wie die Gegenstände in einer Rohrpost, fortbewegt wurden. Im Vergleich zu den jetzigen Eisenbahnwagen waren diese Waggons ein großer Fortschritt. Vor allen Dingen fiel das ermüdende Schütteln weg, und was die Preise anlangt, so waren diese wegen der Einfachheit der Fortbewegung von einer fabelhaften Billigkeit. Und bezüglich der Schnelligkeit stand die neue Erfindung unerreicht da. Bei der Vorzüglichkeit der Einrichtung war es möglich, zehnhundertsechsundsechzig Kilometer in einer Stunde zu durchfliegen. Dies alles trat mir nach und nach vor Augen. Und dieses so gewaltige, ans Unglaubliche grenzende Unternehmen war nun Wirklichkeit geworden. Die beiden Röhren sah ich da vor mir. Und doch war es mir nicht möglich, mich von der Wirklichkeit dessen zu überzeugen, was ich sah. Mochte es auch Tatsache sein, dass die Tunnel fertig waren, so konnte ich doch nie und nimmer annehmen, dass darin Menschen die ungeheure Entfernung zwischen Amerika und Europa zurücklegen würden. Vor allem schien es mir unmöglich, einen Luftstrom von solcher Stärke und solcher Länge ins Leben zu rufen. Dieses Bedenken äußerte ich auch unumwunden meinem Begleiter, dem Colonel Pierce.

»Oh, ich bitte Sie«, antwortete dieser, »nichts leichter als das; wir haben dazu nur die genügende Anzahl Blasebälge nötig, ähnlich denen, die man bei den Hochöfen verwendet. Dadurch wird die Luft, wenn ich mich so ausdrücken darf, mit grenzenloser, ungeahnter Gewalt fortgetrieben: und durch diesen Orkan von ungeheurer Schnelligkeit mitgeschleppt, wird unser Zug die viertausend Meilen, die zwischen Boston und Liverpool liegen, in zwei Stunden und vierzig Minuten zurücklegen, also fast mit der Schnelligkeit einer Kanonenkugel.«

»In zwei Stunden und vierzig Minuten?«, wiederholte ich, vor Staunen fassungslos.

»Jawohl, nicht mehr und nicht weniger. Und welche ungewöhnlichen Umstände hat wieder diese außerordentliche Schnelligkeit im Gefolge! In Liverpool ist man uns hier zu Boston mit der Zeit um vier Stunden und vierzig Minuten voraus; ein Reisender, der also um neun Uhr aus Boston abreiset, kommt in Liverpool nachmittags drei Uhr und fünfundvierzig Minuten an. Wo in aller Welt hat man es bisher erlebt, dass einem ein Tag so schnell vergeht? Und auf der anderen Seite, wenn jemand Liverpool mittags zwölf Uhr verlässt, ist er bereits vormittags neun Uhr vierunddreißig Minuten in Boston, hat also die Reise in weniger als gar keiner Zeit zurückgelegt, und es bleiben ihm noch zweieinhalb Stunden bis zur Mittagszeit, also derselben Zeit, zu welcher er aus Liverpool abgereist ist. Wenn das nicht das Eigenartigste ist, das bisher auf der Welt vorgekommen, will ich nicht Pierce heißen.«

Ich wusste nicht mehr, was ich denken sollte. Hatte ich hier mit einem Irrsinnigen zu tun, oder sollte ich den fabelhaften Ausführungen wirklich Glauben schenken, auch wenn mein Geist sich noch so sehr dagegen sträubte.

»Schön«, sagte ich endlich, »nehmen wir einmal an, dass dies alles so ist, lassen wir unsere Reisenden diese tolle Fahrt unternehmen, lassen wir sie fortfliegen mit dieser teufelartigen Geschwindigkeit, von der Sie soeben gesprochen haben; aber – wie wollen Sie die Schnelligkeit verringern, wie wollen Sie bremsen? Bei einer solchen Schnelligkeit muss doch alles in tausend und abertausend Stücke zersplittern.«

»Durchaus nicht«, erwiderte der Colonel, während er mitleidig mit den Achseln zuckte. »Durch unsere Tunnel laufen fortwährend Luftströme in entgegengesetzter Richtung. Wenn ein Zug Boston verlässt, verständigt jedes Mal der Telegraf das Personal in Liverpool, welches dann die nötigen Maßregeln trifft, um die Schnelligkeit des ankommenden Zuges zu mindern und ihn schließlich zum Halten zu bringen. Es wird einfach ein Riesenventil geöffnet, wodurch der Luftstrom aus dem Nebentunnel mit Macht in den ersteren strömt, dem ankommenden Zug entgegenläuft, anfangs als Bremse und schließlich als Riesenpuffer wirkt. Doch weshalb soll ich Sie noch länger mit der Erklärung von Dingen ermüden, die Sie praktisch am besten versuchen können.«

Und ohne meine Antwort abzuwarten, zog er an einem vernickelten Handgriff, eine Tür schob sich zur Seite und durch die Öffnung, welche so entstand, gewahrte ich einen prachtvoll ausgestatteten, elektrisch erleuchteten Salonwagen mit langen Reihen kleiner, für zwei Personen eingerichteter Sofas.

»Das ist unser Wagen«, sagte er, während er in das Innere trat. »Bitte folgen Sie mir.«

Ich trat ein und der Colonel schloss die Tür hinter uns. Ich konnte es nicht unterlassen, meine Blicke noch einmal in die Runde schweifen zu lassen. Der Wagen schien ein langer Zylinder zu sein. An der vorderen und hinteren Seite waren Einrichtungen angebracht für Luftwechsel und Luftreinigung. Die frische Luft strömte von vorn unbemerkt nach innen; die verdorbene verließ den Raum an der hinteren Seite. Die Regulatoren, welche zu diesem Behuf angebracht waren, regelten die Zufuhr je nach der Schnelligkeit der Bewegung. Nach einigen

Augenblicken begann ich, nach der Fortsetzung des so geradezu märchenhaften Erlebnisses zu verlangen.

»Wann fahren wir ab?«

Der Colonel sah mich mit einem merkwürdigen Blick von der Seite an.

»Abfahren? Mein lieber Freund, wir sind ja schon lange unterwegs.«

»Unterwegs? So ganz, ohne dass wir etwas gemerkt haben?«

Der Colonel nickte.

»Das ist eben die unvergleichliche Verbesserung gegenüber dem unbequemen und aufreibenden Fahren in den Eisenbahnzügen.«

Ich lauschte aufmerksam, begierig, irgendein Geräusch aufzufangen. Wenn der Colonel mich nicht zum besten hatte, mussten wir jetzt schon in rasender Fahrt tief unter den Wogen des Atlantischen Ozeans fortfliegen. Ich hörte indessen nichts als ein dumpfes, ganz leises Geräusch, das, wie ich vermutete, durch die Fortbewegung unseres Zuges hervorgebracht wurde. Mein Erstaunen wuchs von Minute zu Minute, und ich saß still und in mich gekehrt da und starrte vor mich hin. Auf diese Weise ging etwa eine Stunde dahin, als mich plötzlich ein Gefühl der Kälte auf meiner Stirn und auf meinem Gesicht aus meiner zeitweiligen Betäubung aufweckte. Ich richtete mich auf und fasste mit der Hand nach meinem Gesicht. Es war über und über nass. Wie war das möglich? Wie konnte mein Gesicht nass geworden sein? War die Hülle um den Tunnel beschädigt und kam der Ozean nun tropfenweise durch die Poren der stählernen Wand nach innen?

Eine unbeschreibliche Angst kam über mich; ich fühlte, wie mir die Schweißtropfen neben dem Wasser, das schon lange mein Gesicht befeuchtete, von der Stirn rannen. Das Gefühl der Kälte wurde immer stärker, die Angst immer entsetzlicher, ich wollte dem Colonel Pierce zurufen, um Hilfe schreien …

»Aber Jules, Mann, sitzt du denn immer noch da? Es regnet ja!«, rief meine Frau von fern.

Ich erwachte und saß ruhig in meinem friedlichen Garten,

während ein frischer Mairegen herniederströmte, dessen dicke Tropfen meinen Schlaf und meinen Traum unterbrochen hatten. Vor mir auf dem Tisch lag ein Päckchen amerikanischer Zeitungen; die Nummer mit dem bewussten Artikel, in welchem mit echt amerikanischer Großsprecherei über eine neue Verbindung mit Europa gesprochen wurde, lag neben mir auf dem Boden. Der Schlaf hatte mich beim Lesen übermannt und während des Schlafes mein Geist das angefangene Thema weitergesponnen. Ich fürchte aber, dass die Idee des Colonels Pierce ebenso wie mein vermeintliches Erlebnis sich als ein Traumbild erweisen werde.

Nachwort

Wer heute den Namen Jules Verne hört, denkt vermutlich sofort an dessen bekannteste Bücher wie *Die Reise um die Erde in 80 Tagen*, *Die Reise zum Mittelpunkt der Erde*, *Zwanzigtausend Meilen unter dem Meer*, *Der Kurier des Zaren*, *Die geheimnisvolle Insel* und die beiden Mondromane *Von der Erde zum Mond* und *Reise um den Mond*. Diese Titel sind aber nur ein Bruchteil dessen, was Verne insgesamt zu Papier brachte. Das meiste davon ist auch zeitnah in deutscher Sprache erschienen, der Großteil im A. Hartleben's Verlag.

Als dieser Verlag 1911 mit *Wilhelm Storitz' Geheimnis* den 98. Band seiner Jules-Verne-Reihe *Bekannte und unbekannte Welten. Abenteuerliche Reisen* publizierte, war dies der letzte Titel, der in dieser legendären Auflage erscheinen sollte. Doch trotz der hohen Bandnummer war die Serie, im Vergleich mit ihrer bei Pierre-Jules Hetzel in Paris erschienenen Vorlage, der *Voyages Extraordinaires*, unvollständig. Es fehlten zwei Titel und alle weiteren Bände, die noch nach *Wilhelm Storitz* erschienen sind. Die Gründe für das Fehlen dieser Bände lassen sich sehr leicht nachvollziehen. Bei dem Roman *Cäsar Cascabel* war es dem Verlag J. Meidinger aus Berlin gelungen, dem Hartleben-Verlag die Veröffentlichungsrechte für den deutschsprachigen Markt quasi vor der Nase wegzuschnappen. Den Roman *Der Weg nach Frankreich* klammerte man offenbar wegen seiner extrem preußenfeindlichen Einstellung bewusst aus; und es sollte noch Jahrzehnte dauern, bis dieses Werk auch in deutscher Sprache vorlag[1]. Ebenfalls nicht berücksichtigt wurde der offiziell nicht zu der Reihe gehörende Roman *L'Épave du Cynthia*

[1] Der Roman wurde auf Initiative des Jules-Verne-Clubs Deutschland professionell übersetzt und in einer kleinen Auflage für alle Clubmitglieder publiziert. Noch im gleichen Jahr erschien die identische, aber nochmals durchgesehene und um zahlreiche erklärende Fußnoten ergänzte Übersetzung auch in der Reihe der *Dornbrunnen Taschenschmöker*, zu denen auch der vorliegende Band gehört.

(dt. Das Wrack der Cynthia), der – was man anscheinend schon damals auf deutscher Seite wusste – schlicht und einfach kein Verne-Roman ist, sondern nur aus werbetechnischen Gründen unter dessen Namen veröffentlicht worden war. Mit der Einstellung der Serie bei Hartleben fielen allerdings auch alle später noch in Frankreich erschienenen Verne-Titel unter den Tisch. Innerhalb der Reihe *Voyages Extraordinaires* waren dies der Roman *L'étonnante aventure de la Mission Barsac* (dt. Die erstaunlichen Abenteuer der Expedition Barsac) – welcher inzwischen allerdings auch auf Deutsch vorliegt – und der zeitgleich mit *Wilhelm Storitz* erschienene Kurzgeschichtenband *Hier et demain* (dt. Gestern und morgen[1]). Dazu kommen noch eine Handvoll weiterer Texte, die aus den verschiedensten Gründen auch damals in Frankreich nicht verlegt worden sind und zumeist erst in den letzten Jahren überhaupt publiziert wurden.

Was damals niemand wusste und was auch heute noch vielen Verne-Lesern unbekannt sein dürfte, ist der Umstand, dass viele der postum erschienenen Romane und Erzählungen nicht mehr die Fassung wiedergaben, die von Jules Verne selbst zu Papier gebracht worden war, sondern meist – mal mehr, mal weniger – von seinem Sohn Michel verändert wurden. Einige der Titel waren sogar vollständig aus Michels Feder geflossen und ähnelten den Werken des Vaters nur stilistisch. Die Gründe für diese Überarbeitungen dürften recht vielfältig gewesen sein. Einige der Arbeiten des Vaters waren bei dessen Tod sicherlich noch nicht vollendet gewesen; andere kamen nach Meinung des Verlegers und wohl auch des Sohnes zu zäh daher und mussten »leserfreundlich« aufgepeppt werden. Und da der Name Jules Verne durchaus noch gute Gewinne versprach, schummelte Michel auch einige Texte in die Werkausgabe hinein, die er weitgehend alleine verfasst hatte[2].

Das vorliegende kleine Verne-Bändchen hat sich nun zur Aufgabe gemacht, den deutschsprachigen Lesern vier weniger

[1] Mit dem Erscheinen des vorliegenden Bandes liegen inzwischen allerdings alle Erzählungen aus »Gestern und morgen« in deutscher Sprache vor.

[2] Beispielsweise *L'Agence Thompson & Co*, 1907 (dt. Das Reisebüro Thompson & Co.)

bekannte Verne-Texte zugänglich zu machen, die, nach dem heutigen Stand der Kenntnis, als gute Beispiele für das Werk beider Autoren angesehen werden können. Dabei legte der Verleger viel Wert darauf, vor allem solche Texte auszuwählen, die in deutscher Sprache bisher kaum bekannt sind; zwei davon erscheinen sogar als deutsche Erstausgaben und schließen damit eine seit Langem bestehende Lücke in der Liste der deutschsprachigen Veröffentlichungen.

Bei der Eröffnungsgeschichte *Gil Braltar* handelt es sich um ein vollständig von Jules Verne verfasstes Werk, das man am 2. Januar 1887 erstmals im *Le Petit Journal* in Frankreich publizierte. Der Text wurde dann später im selben Jahr auch zur Auffüllung des Bandes *Le Chemin de France* verwendet. Es schien lange Zeit so, als wäre er hierzulande erstmals 1982 in der Schülerzeitung ßluckaus 6 ½ in einer Übersetzung des führenden deutschen Verne-Experten Volker Dehs erschienen; eine Übersetzung, die dann 1994 noch einmal offiziell in einer Affen-Anthologie abgedruck wurde. Im Jahr 2013 gab das Jules-Verne-Clubmitglied Matthias Kenter in der Nautilus[1] bekannt, dass er in einer Ausgabe der *Laibbacher Zeitung* von 1891 eine ältere, bis dahin unbekannte Übersetzung der Erzählung gefunden hatte[2]. In Vorbereitung der Neuausgabe des vorliegenden Bandes stieß ich – als der Herausgeber – dann noch einmal auf zwei weitere frühe Veröffentlichungen, von denen die 1892 publizierte Fassung mit der von 1891 identisch ist[3]. Weitaus interessanter ist allerdings die andere aufgefundene Frühfassung des Textes, die bereits im Januar 1888 im *Mährischen Tagblatt* in einer abweichenden Übersetzung erschienen ist[4]. Diese endet mit dem Verweis, dass es sich um eine Textübernahme aus dem *Budapester Tagblatt* handelt, die daher wahrscheinlich zwischen dem Oktober 1887 und Anfang Ja-

[1] Matthias Kenter, *Eine Gil-Braltar-Übersetzung von 1891 – Zufallsfund im Internet*, in: *Nautilus. Magazin des Jules Verne Clubs*, No 23, Bremerhaven 2013, S. 40 f.

[2] *Laibbacher Zeitung*, Nr. 213 vom 19. September 1891, Ljubljana 1891, S. 1 ff.

[3] *Südsteirische Post*, Nr. 13 vom 13. Februar 1892, Marburg 1892, S. 1 ff.

[4] *Mährisches Tagblatt*, Nr. 11 vom 14. Jänner 1888, Olmütz 1888, S. 1 ff.

nuar 1888 erfolgt sein müsste, also unmittelbar nachdem der Text in Frankreich in der Buchausgabe von Hetzel erschienen war[1]. Damit steht fest, dass auch dieser Text relativ zeitnah in die deutsche Sprache übersetzt worden ist. Ob diese frühe Übersetzung eventuell sogar auf Initiative des in Wien, Pest und Leipzig ansässigen Hartleben-Verlags angefertigt worden ist und dann später nicht verwendet wurde, muss im Augenblick allerdings Spekulation bleiben. Die im vorliegenden Band abgedruckte Fassung wurde ursprünglich von Bernhard Krauth für das Clubjournal *Nautilus* des Jules-Verne-Clubs angefertigt und dem Verlag für die vorliegende Veröffentlichung freundlicherweise zur Verfügung gestellt, wofür ich mich an dieser Stelle noch einmal recht herzlich bei ihm bedanken möchte.

Der Humbug ist eine gegen 1867 von Jules Verne verfasste Erzählung, die er zu Lebzeiten nicht publizierte. Erst 1910 erschien sie, von Michel Verne leicht überarbeitet, im Sammelband *Hier et demain*. Im gleichen Band erschien auch erstmals *Das Schicksal von Jean Morénas*. Dabei handelt es sich um eine weitgehend von Michel Verne verfasste Erzählung auf der Grundlage eines unveröffentlichten Textes seines Vaters (*Pierre-Jean*, 1851). Beide Texte wurden für die vorliegende Textsammlung erstmals ins Deutsche übersetzt.

Mit der Erzählung *Ein Schnellzug der Zukunft* beschließt ein vollständig von Michel Verne verfasster Text den vorliegenden Band. Dieser wurde 1905 zum ersten Mal in der Beilage einer Augsburger Tageszeitung in deutscher Sprache publiziert und dort unter dem weitaus zugkräftigeren Namen des Vaters veröffentlicht. In dieser Übersetzung wurde aus dem eigentlich namenlosen Ich-Erzähler Jules Verne selbst. Und auch der Schluss der Erzählung wurde dementsprechend verändert und erweitert[2]. Für den vorliegenden Band wurde der Text neu übersetzt.

---

[1] Hinweis von Bernhard Krauth vom Jules-Vernes-Club.

[2] Zum Vergleich wird diese frühe deutsche Übersetzung im Anhang des vorliegenden Bandes ebenfalls abgedruckt. Rechtschreibung und Grammatik wurden dabei den derzeit gültigen Regeln angepasst.

Lesern der Fassung von 2011 wird sicherlich gleich auffallen, dass sich der Umfang der Neufassung des vorliegenden Bandes erweitert hat. Der Grund dafür ist neben der leichten Layoutanpassung an die anderen Bände der *Dornbrunnen Taschenschmöker* und dem aktualisierten Nachwort der zusätzlich eingefügte Anhang, in dem der interessierte Leser die aktuellen Übersetzungen mit den alten, teilweise ein wenig abweichenden Übersetzungen von *Gil Braltar* und *Ein Schnellzug der Zukunft* vergleichen kann.

Sven-R. Schulz

In gleicher Ausstattung sind die folgenden Bände erschienen:

Taschenschmöker aus Vergangenheit und Gegenwart

In der Reihe Taschenschmöker aus Vergangenheit und Gegenwart erscheinen Werke der klassischen Unterhaltungsliteratur, die seit vielen Jahrzehnten nicht mehr, oder noch niemals in deutscher Sprache verlegt worden sind.

1. *Jules Verne / Michel Verne*
   Der Humbug
   Vier Erzählungen
2. *Alexandre Dumas*
   Eine Amazone
   Zwei Novellen
3. *Gustave Aimard*
   Eine mexikanische Rache
   Eine Erzählung aus dem wilden Mexiko
4. *Jules Verne*
   Der Weg nach Frankreich
   Historischer Roman
5. *Friedrich J. Pajeken*
   In Sturm und Not
   Eine Erzählung aus dem Wilden Westen
6. *Jules Verne*
   Der Graf von Chanteleine
   Eine Episode aus der Revolutionszeit
7. *Jules Verne / Emilio Salgari / Karl May*
   Ein Drama in den Lüften
   Erzählungen aus luftigen Höhen
8. *Alexandre Dumas*
   El Salteador
   Ein Roman aus der Zeit Karls V.
9. *Emilio Salgari*
   In der Eiswüste
   Erzählungen aus arktischen Regionen
10. *Sir John Retcliffe*
    Das tote Haus
    Eine Novelle aus Düsseldorfs Vorzeit
11. *Gustave Aimard*
    Der Löwe der Wildnis
    Zwei Erzähl. aus dem wilden Mexiko
12. *Sir John Retcliffe*
    Der letzte Wäringer
    Novelle a. d. letzten Tagen Konstantinopels
13. *Emilio Salgari*
    Die Rose vom Dong-Giang
    Eine abenteuerliche Novelle aus Cochinchina
14. *François-Édouard Raynal*
    Die Schiffbrüchigen
    Zwanzig Monate auf den Aucklandinseln
15. *Alexandre Dumas*
    Die Taube
    Ein Briefroman
16. *Edgar Wallace*
    Der Geist von Down Hill
    Zwei Kriminalkurzromane
17. *Sir John Retcliffe*
    Nach Cayenne!
    Eine historisch-politische Novelle
18. *Philip Francis Nowlan*
    Armageddon 2419
    Eine Science-Fiction-Erzählung
19. *Jules Verne*
    Ein Lotterielos
    Eine norwegische Geschichte
20. *Max Eschner*
    An der Pazifikbahn
    Eine Erzählung aus dem Wilden Westen
21. *Alexandre Dumas*
    Ein Maskenball
    Vier Novellen

– Weitere Bände in Vorbereitung –

Einzelne Bände aus dieser Auflistung sind derzeit *(Stand Juli 2016)* noch nicht lieferbar, da sich die Herausgabe leider etwas verzögert hat. Dabei handelt es sich um die Bände 12 und 21. Das Erscheinen ist für das laufende Jahr geplant.